JN046504

これからの世界に、必要とされる企業であるために。

私たち日本郵船グループは、

総合物流企業の枠を超え、中核事業の深化と新規事業の成長で、

未来に必要な価値を共創します。

これまでを極め、これからを拓く。

三 日本郵船　　NYK GROUP

サプライチェーン管理の
次なるテーマ

アジア太平洋地域におけるオムニチャネルの進化とは。
マースクの「ブルーペーパー」で紐解きます。

詳細はQRコードをスキャン

ALL THE W

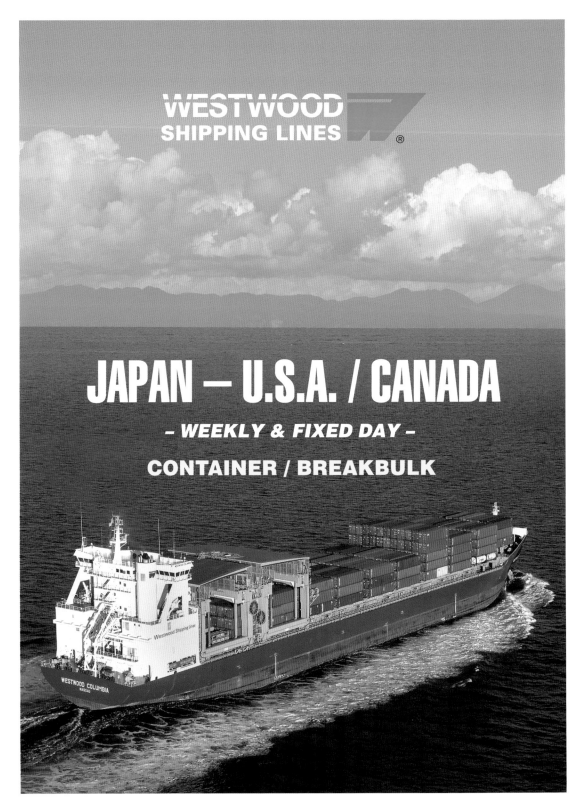

"AS ONE, WE CAN."
運んでいるのは、ひとり一人の毎日。

唯一無二の日本船社として、日本の物流を支え続けます。

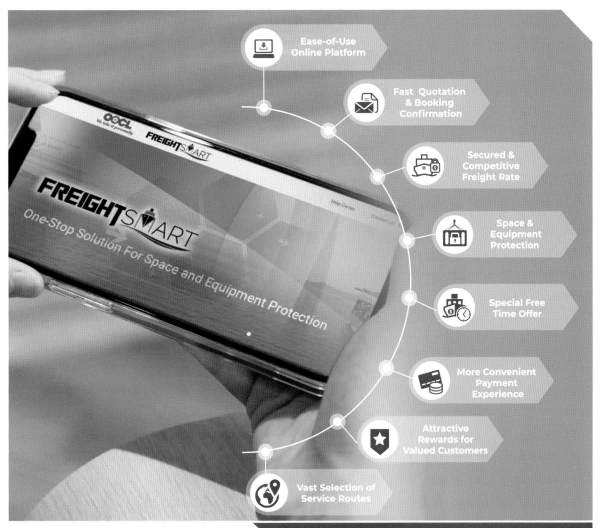

FreightSmart

FreightSmart User Guide

One-Stop Solution For Space and Equipment Protection

OOCL's FreightSmart is an advanced online platform providing customers instant quotation and booking confirmation with space and equipment protection at secured freight rates. The speed, convenience, and rewards bring the ultimate customer experience when booking with FreightSmart.

OOCL makes every part of your business a part of ours:

We take it personally.

We take it personally

www.oocl.com

日本通運グループは、
ＮＸグループへ。

 **NIPPON EXPRESS**

We Find the Way

NIPPON EXPRESSは競技バルーンチーム「Team Balloonga」を応援しています。

Ben Line Agencies (Japan)'s Worldwide Principals

Alcatel-Lucent Co. (France)

Anglo Eastern Shipmanagement Ltd. (Hong Kong)

ANL Container Line Pty Ltd. (Singapore)

Asset Maritime Security Service (U.K.)

China United Lines (China)

Dalian Jifa Bonhai Rim Container Lines (China)

EAS International Shipping (China)

Global Marine Systems (U.K.)

Kestrel Global Logistics (U.K.)

M&S Logistics (U.K.)

Nile Dutch Africa Line (Netherlands)

Port of Houston Authority

Scottish Development International (U.K.)

Sea Consortium Pte Ltd. (Singapore)

Siem Car Carriers (U.K.)

Swire Shipping (Singapore)

TE Subsea Communications LLC (U.S.A.)

Thames Port (U.K.)

The Shipping Corporation of India Ltd. (India)

Tropical Shipping, Inc. (U.S.A.)

Tyco Tele Communications (U.S.A.)

UAFL (Indian Ocean Islands & Mozambique)

Wuhan New Port Datong Int'l Shipping (China)

X-Press Feeders (Singapore)

 BEN LINE AGENCIES (JAPAN) LTD.

4th Fl, Shinagawa TS Bldg., 2-13-40 Konan, Minato-ku, Tokyo 108-0075 Japan
Tel: (03)6718-0704   Fax: (03)6718-0717
logistics.it@benline.co.jp   http://www.benlineagencies.com

大切な貨物
大切なあなたへ
人々の想いを運ぶ

東京港

国際貿易港、そして国内の海上輸送拠点として
発展し続ける東京港は、
東京・首都圏の生活と産業を支えてきました。
今後も物流ニーズに応え、
使いやすさを向上させることにより、
人にやさしく、選ばれる港としてまい進します。
一つひとつの大切な貨物。
東京港は、人と人とを繋ぐ港として、
未来に向けて進化し続けてまいります。

 東京都港湾局　　 東京港埠頭株式会社　　一般社団法人 東京都港湾振興協会

博多港 NEXT
選ばれる港へ

- **●充実した航路網 41 航路月間 216 便** （2023年7月現在）
- **●物流 IT システム (HiTS) による効率化・迅速化**
- **●半径 5km 圏内に港湾、空港、高速道路、鉄道の輸送モード拠点(ターミナル)が集積する利便性**

アジアのリーダー都市へ
FUKUOKA NEXT

福岡市港湾空港局 　博多港 検索

電話 092-282-7110　FAX 092-282-7772
E-mail：butsuryu.PHB@city.fukuoka.lg.jp

↓CO_2 低炭素での運航
それは地球との約束

自然を知り、自然に学ぶ
共生、共存、共栄を目指して

EVERGREEN LINE
www.evergreen-line.com

Manifest Filing Solution Service
Ocean ACE
(米国版24時間ルール対応サービス)

◎お問い合わせは　㈱オーシャンコマース　鶴町
Tel：03-3435-7510　Fax：03-3435-7892
mail address：Tsurumachi@ocean-commerce.co.jp

DESCARTES

「Ocean ACE」は The Descartes Systems Group Inc.（Descartes社）が提供するACE（AMS）マニフェストファイリングソリューションです。

　オーシャンコマースは2002年からDescartes社（FCS社）の日本代理店としてACE接続サービスの日本におけるマーケティング、トレーニング、サポート業務を展開し、ACE自社ファイリングをお手伝いしています。すでに20数社を超える導入実績があります。

The Descartes Systems Group Inc.
81年創業のNASDAQとトロント証券取引所の上場企業で貿易と運輸に関わるロジスティクスシステムに特化した世界最大のIT企業。2017年1月期の収益は2.38億米ドル。本社はカナダ・オンタリオ州ウォータールー。

ISF導入AMSでかわる昨今の「ACE事情」

　2010年1月26日よりISF（「10+2」ルール）が本格的に導入されました。これにより、従来、マニフェストデータを船社に丸投げしていたNVOCCは自社送信の必要に迫られています。

　ISFではACE上のLowest LevelのB/L番号に対して申告します。つまりHouse B/L番号レベルでも両者のマッチングが要求されます。NVOCCの方々がACE申告を船社に依頼すると、船社は通常、自社のルールに基づきNVOCCのHouse B/L番号を別の番号にかえてACE送信します。この場合、House B/L番号をそのまま使用するとその番号のHouse B/LはACE上に存在しないため、ISF申告ができません。これが米国側Importerの信用を失い、ひいてはShipperのnon-automated NVOCC離れとなります。つまり、これまでのように「ACE申告は船社に丸投げ」というやり方を続けているとNVOCCとしての競争力を維持できません。なるべく早くACEファイラーになることをお薦めします。

　また、船社によっては、貨物の受け手側（米国）または積地側（日本）のどちらか一方のNVOがAuto Filerである場合、貨物の丸投げ（船社によるデータ送信代行）は受け付けませんので、日本のNVOも早急に自社ファイリングのステータスを取得する必要があります。

「Ocean ACE」導入のメリット

①貴社独自のHouse B/L番号を使用したISFファイリングが可能です。

②自社貨物のACE/ISF上の最新ステータスをいつでも自分で確認できます。

③大幅なコスト削減が可能です。

④貴社の宝である顧客情報が競争相手となる船社や共同混載するNVO他社に開示されません。

⑤船社都合に左右されず、いつでも入力、訂正、削除できます。

「Ocean ACE」の特徴

①ご利用にあたって特別なネットワーク環境、ハード、ソフトを必要とせず、インターネットに接続されたパソコンがあればOKです。

②データの入力と編集、米税関国境警備局（CBP）への送信はわかり易いウェブインターフェースを利用して行います（EDIによるデータ送信も可能）。ファイリング用アカウントはユーザー名とパスワードで保護され、通信はSSL（Secure Socket Layer）を通して行われるため、通信中のデータの遺漏、改ざんがありません。

③ここでご紹介したOcean ACE以外に、Air ACE（航空貨物ACE）、日本版24時間前ルール（AFR）カナダ版24時間前ルールであるACI、e-Manifest、EU版24時間ルールのICS、Japan Ocean AFR のサービスもあります。また、ISF（10+2ルール）にはDescartes ISFというソリューションが用意されており、幅広いニーズに対応できます。

④SCACコードの取得、ボンドの供託方法、CBPへの申請から日々の入力、送信業務まで、ご不明の点はオーシャンコマースがサポートしますので、最小の労力とコストでCBPが要求する電子ファイル送信業務を実行できる環境が整っています。

ま　え　が　き

　本書は 2013 年 7 月に当社より発刊した「クレーム処理の手順と事例集」をもとに編集部にて内容を一部改訂し、荷主の事故発生時の対応や内容を充実させ、貨物海上保険についての対応や損害の種類とクレーム事例などを追加しました。それによって、海上貨物クレームの処理業務の手順について、事故発生から解決までをよりよく理解できる参考資料として、皆様のお役に立てればと考えております。

　手順の中では、運送人とクレイマントの折衝にもっとも力をいれていますが、これは折衝の巧拙が補償額を決めると言えるからです。ただ、この折衝、かけひきには必勝法はありませんので、実戦の経験を重ねた上、臨機応変に対応するしかありません。本書の事例などから、大きな流れ、ケースに応じた対処のパターンのようなものをつかんで、大いに参考にしていただければ幸いです。

　なお、本書は視点が運送人寄りになっている部分が多々ありますが、今回の改定に伴い、荷主、貨物海上保険会社の視点も取り入れましたので、より多くの方々にクレーム処理の入門書として、また、新人研修や社内での教材・実例集としてお役に立つことを期待しています。

2023 年 7 月

株式会社 オーシャンコマース

Shipping Guide 編集局

目　次

Ⅳ 共同海損クレーム処理の手順

Ⅴ クレームの事例

貨物海上保険略語・用語集

クレーム処理の手順

1-1　リスクマネジメントの必要性

　企業活動においてリスクはつきものです。営利企業にとってはリスクを予防・回避するだけでなく、むしろリスクにチャレンジし、それによってビジネスチャンスを得て、利益を上げることを目指します。そして、収益を継続的にあげることが大きな命題です。もし一部門が優秀で、いかに収益をあげても、他の部署がそれを上回る損失を出せば、当然経済的損失を被り、企業の存亡にかかわる事態に陥ります。この損失の中にはさまざまな予測しがたい損失が含まれます。

　近年企業を取り巻くリスクは複雑・高度化しており、さらに新しいリスクも次々に発生しています。そして、企業は「リスクマネジメント」に対する意識を高めて、さまざまな対策を講じすように努めています。それはまさしく予想しがたい損失を最小限にするための機能としてのリスクマネジメントの重要性が年々増していることを意味します。

　貿易取引に関わる企業にも同様にさまざまなリスクがありますが、貿易のプロセスに存在するリスクを例示してみます。

・荷主の貨物、商品におけるリスク：売買契約成立後、契約通りの質・量の貨物が所定の期日までに輸出梱包され、輸出手続きが完了し、船積みされ、Clean B/L（無故障船荷証券）が発行されるか等のリスク。

・運送人の荷主に対するリスク：運送人は荷主から貨物の受取り後、輸出のための輸送を開始し、途中保管中などをへて、輸入国に着いた貨物の通関手続き、最終仕向地までの運送における貨物に対する賠償リスク。また、船主の船舶運航における賠償リスクもあります。

・荷送人（輸出者）の代金決済のリスク：荷送人は荷受人（輸入者）から契約に基づく代金決済に関するリスク、荷受人の破産により代金回収が不能になるリスクや輸入国の為替規制や制裁国指定され輸出ができなくなり、代金回収が不能になるリスク

　この様に荷主（荷送人・荷受人）、運送人、船会社などの企業がそれぞれの立場でさまざまなリスクにさらされています。それゆえ国際貿易取引におけるリスクマネジメントの知識は荷主、運送人と船会社の各担当者にとって必要不可欠と言わざるをえません。

1-2　リスクマネジメントの分類方法

　リスクマネジメントとは、存在するリスクを把握・特定することから始まり、把握・特定したリスクの発生頻度と影響度を分析・評価し、リスクの種類に応じて対策を講じ、もしリスクが実際に発生した際には損失を最小限に抑えるという一連のプロセスをいいます。

　リスクマネジメントにはリスクを冒すのを回避する「リスク回避」とリスクが起きないように注意する「リスク予防」や発生した後

の損害拡大を防止する「リスク低減」とに分ける「リスクコントロール」とリスクを保険または同類の仕組みに移転する「リスク移転」と自己資本による損失処理（自家保険）やキャプティブ会社設立などによる「リスク保有」とに分ける「リスクファイナンス」があります。「リスクコントロール」とは損失の発生頻度とその損害額の低減を目指すものであり、「リスクファイナンス」は損失の発生に対して補てんするために金銭的な手当てをするものです。そのうち「リスク回避」は活動の停止や事業からの撤退を意味し「リスク保有」はリスクの存在を意識しながら対策を講じず、損失発生時に内部留保した資金で補てんすることを意味します。

1-3　運送人として海上輸送におけるリスクマネジメント（運送契約）

　海上輸送におけるリスクマネジメントの「リスク予防」として、運送人は貨物への事故を発生させない配慮を要します。それには本船の堪航状態、機器、コンテナなどのメンテナンスなどが挙げられますが、ここでは貨物事故による運送人の補償額の増加を書類作成などの業務の中で防ぐ対策を考えてみます。

　まずは、船荷証券（B/L）の性質、種類を知り、次いで約款に何がうたわれているのか、の最小限度の知識を持つことです。すなわち、B/L には、貨物に関する運送人の責任とその範囲が詳細に記載されています。例えば、CY/CY（FCL/FCL）扱いコンテナの中身の個品数（カートンなど）の不足については、コンテナシールがはがれていない（intact）限り、運送人は当然免責です。B/L には "Shipper's Load & Count" と記載されていますが、運送人が自社の B/L の運送条件を知らない場合、上記のような当然の免責を主張せず、損害額を満額支払うことがあると聞いています。しかし、この条件の運送では、運送人は預った荷物をそのまま荷受人に渡しており、何の責任もないのです。コンテナの中身が何カートンかどうかを知りようがないからです（不知約款）。

　有価証券である B/L の記載事項は、クレーム処理において重要な役割を果たします。従って予測不能、あるいは予測可能の貨物事故に対して、記載事項に十分な注意を払わなければなりません。前述の CY/CY 条件のコンテナに関しては、"Shipper's Load & Count" という「免責」文言を入れておきます。"S.L.C." といった略語は望ましくありません。万一、クレーム処理の折衝が裁判にまで行く場合、このような省略文言に説得性があるか、つまり貿易用語の CIF、FOB のような "市民権" があるかどうか疑問だからです。印刷された約款でも、細かく、薄い字で、読み取りにくいものには、運送人側に不利な判決も出ています。

　事故、クレーム処理の際の補償額決定に重

要なポイントとなる運送条件は、もれなく明記しておくことが予防としてのリスクマネジメントの基本です。

B/L記載についての注意事項にもうひとつ重要なことがあります。それは、前述の「記載すべきこと」と反対に、「記載してはいけないこと」の内容です。

利用者である荷主は、当然自社に有利な条件で貨物を扱ってもらいたいと考えますから、B/L面にその条件を記載するよう要求します。またはドックレシート（D/R）、メッツレシート（M/R）に打ち込んでくることもあります。それらを見過ごしてB/Lが発行され、流通していけば、事故発生、クレーム処理で、その条件は生きてきます。

例えば、貨物の価格が明記されていると、事故の際、約款の1pkg当たり666.67SDRなどの最高補償額の適用の可能性が疑わしくなってきます。通常、約款よりも「特記事項」のほうが優先するからです。荷主が、事故の際、貨物の価格満額を補償要求するには、その価格をB/L面上に明記（Declared Value）すると共に、従価運賃（Ad Valorem Freight）を運送人に支払わなくてはなりません。

この他にも「積み替えはしない」、「本船積み付け位置の指定」、「航路の特定」など、本船運航、オペレーション上の問題への記載は、運送人は通常禁止あるいは拒否しています。

以上が書類作成、発行などの上での「リスク予防」としてのリスクマネジメントです。

次に「損害を最小限に抑える対処法」としては、B/L記載事項、約款、関係法律、条約、そしてさまざまな証拠書類（Vanning Report, Survey Report, Partlow Chart など）を用いての運送人とクレイマントとの折衝があげられます。

ある物を売る、買う、あるサービスを提供する、受ける、といったビジネスに金額、条件を決める契約が存在します。まして、海上運送、国際物流のような二国間以上のビジネスに契約は必須です。その契約の具体的なものが、信用状（L/C）、B/L、保険証券などの契約上の条件です。

海上運送契約（B/L記載事項・約款）によって、貨物は運送され、事故発生のときは、その規定により補償額が決められていきます。契約上では、売り手と買い手が対等の立場にあり、その間に取り決め事項に基づいて問題発生への対応がなされます。

しかしながら、我が国ではいまだ、客である荷主は運送人より「上」であり、対等の立場とは考えにくいようです。貨物を目的地に運ぶサービスに対して、荷主が相応の運賃を支払うのではなく、貨物を運ばせてやり、運賃を支払ってやる、という感覚が強く残っているようです。この感覚は、事故発生、クレーム処理において、運送人を不利な立場に追い込む可能性が高くなります。

例えば、貨物の廃棄処分費用を運送人が持

たなかった、といって以後の積み荷提供を停止する、といったケースがあります。本来この費用は二次的費用（Consequential Loss）として運送人は免責となっています。

同様に、貨物海上保険でも通常この廃棄処分費用は補償しません。そのため荷主の自己負担部分である廃棄処分費用を無理やりに運送人に負担させようとするケースです。もし、運送人がその費用を補てんしても、法律的な責任がなく、あくまでも営業的観点から支払われたものと判断され、運送人の賠償責任保険会社からも当然ながら保険の補償は受けられません。

対等な契約関係を結ぶことが難しい現況では、運送人はクレイマントである荷主に対して、貨物海上保険による補償を受けることを勧め、クレーム処理における折衝相手を、荷主から貨物海上保険会社、あるいはその代行の法律事務所に変えることが重要となります。そして、運送契約の条件に基づくクレーム対応を進めていくことが肝要となります。実際に、賠償責任を最小限に抑える対処法としては、B/L記載事項、約款、関係法律、条約、そしてさまざまな証拠書類（Vanning Report, Survey Report, Partlow Chart など）

を用いて折衝していきます。

1-4　貿易および国際物流におけるリスクと保険

貿易および国際物流に関わるリスクに対応した保険種目として代表的なものが5つあります。

まず、海上運送にかかわる保険契約には、貨物海上保険、運送人のための賠償責任保険および実行運送人の船舶保険の3種類です。海上運送中の貨物はさまざまなリスクにさらされ、その結果として損害が発生します。貨物海上保険はその損害を契約に基づいて損失を補償する保険契約です。貨物海上保険と同じ貨物の損害に対し、運送人が負う物流に関わる損害賠償リスクに対応する保険として賠償責任保険があります。また、船主への賠償責任保険に対しては、保険会社に加えてP&I Club（船主保険組合）でも提供されています。船舶保険は、実行運送人として船会社が運航する船舶に対して座礁・衝突などの事故や荒天遭遇などによって発生する様々なリスクに対応している保険です。

さらに、貿易取引において発生する金銭的な損害をカバーする保険として貿易保険があります。荷受人（輸入側）などの破産や支払い不能による貨物代金の回収不能や荷送人（輸出側）の予期しない状況の発生、例えば外貨送金規制や戦争によって貨物の船積み不能などのリスクにさらされています。取引

貨物海上保険（Marine Cargo Insurance）
　海上保険には船体保険と貨物海上保険の2種があり、荷主やフォワーダーに関係するのは貨物海上保険。外航貨物海上保険は国内輸送される内航貨物保険と異なり、労働争議（スト）や戦争（War Risks）による危険も別途対応している。

先が民間で、契約の一方的破棄や破産手続き開始などにより代金回収ができない場合を信用危険といい、取引先の相手国の政策変更等により代金回収できない場合を非常危険と呼び、これらの事由が発生したことにより受ける損害をカバーする保険です。

また、貨物が製品として消費者に渡り、消費者がその製品が原因で生じた損害に対して発生する製造物賠償（PL）リスクに対する保険として製造物賠償責任保険があります。輸入者が海外から輸入した製品により国内で起こった被害や輸出者が海外に輸出した製品により海外で起こった被害に対して損害賠償責任を訴える訴訟が発生しています。そのリスクに対してPL保険があります。特に米国で多数の訴訟が起こされていますので、輸出の際には海外PL保険の手配が重要になります。

このように貿易および国際物流に関連する主な保険種目は5つありますが、それぞれの契約には、保険の対象となる目的、担保する危険・補償内容、支払われない損害など事前

に取り決め、保険証券上にその保険による契約内容が明示されています。一方、すべてのリスクを保険に移転することはなかなか難しいと言えます。企業はその移転できないリスクを認識し、幅広いリスク管理対策についてトップマネジメントを含めた組織全体で継続的に取り組む必要があります。

また、当然ながら、売買契約、運送契約および保険契約は全く別のものです。荷主として、貨物の事故を発見し、その責任が運送人にある場合は、運送人に対して、運送契約に基づく債務不履行の賠償請求を行うことができますが、補償を受けられる確約はありません。しかしながら、貨物海上保険においては、保険期間中に補償している危険によって発生した貨物の損害に対して保険金を支払う契約ですから、荷主はそのクレーム関連書類を貨物海上保険の保険会社に提出することによって保険金を受け取ることができます。ただし、荷主は、運送人か保険会社かどちらかにしか請求できないこととなっています。両方から請求した金額を受け取ると荷主は焼け太

貨物海上保険の対象と標準ルール

海上貨物保険の対象は貨物そのものの物理的な損害を対象とし、輸送の遅延に伴う市場機会の逸失などは対象としない。物理的損害には、1.船舶火災や沈没、コンテナの水没により、貨物が存在しないか、または引き上げ不能の場合、2.貨物は存在するが、不適切な温度設定によるリーファー貨物の損傷や、コンテナのクレーンからの落下などによるコンテナ内貨物の滅失または損傷（Loss & Damage）など、の2種がある。保険契約は国際的な流通性があるが、リスクカバーの範囲はIncotermsのような世界共通の標準ルールは存在せず、料率も自由なため、英国の保険約款を標準約款とし、英国法の判例に従う慣習が確立している。保険証券には「・・・subject to English law and practice only as to liability for and settlement of any and all claims」（あらゆる請求に対する責任および解決に関してのみ、英国の法律および慣行に従うものとする）の文言があり、英国法とその実務に従うことが明記されている。

りの状態となり、公序良俗に反するため、そ
れを認めていません。つまり、荷主は運送人
に対して事故通知を行いますが、実際の損害
は貨物海上保険の保険会社へ保険請求するこ
とで回収し、その後、その保険会社が荷主に
代わって運送人に対して代位求償権による賠
償クレームを行い、運送人は賠償責任保険の
保険会社と打ち合わせして損害賠償クレーム
を解決するのが通常のクレーム処理の流れで
す。このように、運送契約と保険契約の関係
や貨物海上保険と賠償責任保険の内容と差異
について理解することは、荷主の担当者でも、
運送人の担当者でも重要なことです。

　次章において、貨物海上保険をもう少し解
説いたします。

貨物海上保険について

2-1　貨物海上保険の歴史

　海上輸送における保険としての海上保険の歴史は古く、古代から存在していたという説もあります。そして、中世ヨーロッパの地中海を中心として貿易が盛んになるとともに貿易商人たちにより海難事故の危険が意識され、保険と金融の機能を併せ持った冒険貸借という形態で発展してきました。この冒険貸借とは一種の高利貸しの制度で、貿易商人が金持ちから資金を借りて貨物を輸入し、無事貨物が到着すれば高利をつけて返済し、海難事故で貨物が届かない場合は返済を免除される制度です。海難事故で返済免除される点がまさしく保険と同じ機能となっていました。しかしながら、その冒険貸借が高利を伴うものであったためローマ法王から禁止されてしまいます。その禁止令の抜け道として仮装された冒険貸借が続けられ、さらに進化して金銭貸借と危険負担の機能のうち危険負担のみを取り出して海上保険となりました。そして、14世紀イタリアのジェノバ、ピサやフィレンツェなどの商業都市において発展しました。

　その後、ヨーロッパ大陸を北上し国々に伝わり、現在の海上保険マーケットの中心であるロンドンまで拡がりました。16世紀にイギリスが農業国から工業国へと歩み始め、貿易が拡大していく中で17世紀ロンドンにロイズコーヒーハウスが出現しました。そこは海運業者・貿易商人・海上保険業者の交流の場になり、海上保険の取引だけでなく、船舶や貨物の売買が行われていました。そうした中、政府が海上保険の独占権を勅許会社2社に付与しましたが、個人保険業者を排除しなかったためロイズコーヒーハウスに個人保険業者が結集し、19世紀には海上保険マーケットの中心的存在となりました。そして、1871年「ロイズ法」が制定されロイズ保険組合として特権を有する組合へと発展しました。そして各種保険を取り扱い、世界最大の保険業者になり、海上保険の発展にも寄与しました。ロンドンが海上保険マーケットの中心的役割を担うことで、世界の貿易において標準の貨物海上保険の証券と約款を提供して、貿易をスムーズに行えるように役に立ちました。

　保険証券としては、1779年統一フォームとしてロイズ S.G. フォームに1963年ロンドンの協会が定めた協会貨物約款（Institute Cargo Clauses、以降 ICC と表記する）を添付したものが世界の主要なマーケットで

Lloyd's of London（ロイズ保険組合）

　保険会社ではなく、保険を引き受けるアンダーライターと、契約を取り次ぐブローカーらでつくる特殊な会員組織で、世界最大、かつ最古の保険市場。保険を引き受ける保険会社がシンジケート団をつくり、月面着陸船や深海探査など巨大プロジェクトから、宝石の盗難などのリスク案件を引き受ける。現在、約100のシンジケートがあり、1シンジケートは1社または複数社で構成し、保険契約のリスクを分散して引き受けている。

長く利用されてきました。この保険証券は準拠法である英国の1906年制定のMarine Insurance Act(MIA)と多数の判例による解釈が確立してきました。ただ、その1963年ICCの保険条件 All Risks, WAおよびFPAが長い期間利用されてきましたが、ロイズS.G.フォームやICCの約款等に使われている英語が古く難解な言葉が使われていたため、より利用者（契約者・被保険者）にわかりやすい保険証券にするため1982年に新しい証券フォームであるMARフォームと1982年ICCが制定され、これが徐々に国際標準の証券と約款になりました。

一方、日本のマーケットでは1982年ICCと1963年ICCとでは差異があったため限定的な使用にとどまっていました。ただ2009年に再度ICCが改定され、1963年ICCに近づいた担保内容となったこともあり、MARフォームと2009年ICCが採用され、利用が拡がりました。日本のマーケットでは旧約款を長い期間主に使用していましたが、世界の貿易では1982年ICCが広く利用されるようになり、旧約款を使い続けることの弊害が拡がりつつあったところに改訂版が出され、新しい約款へ移行するタイミングを得ました。

このように貨物海上保険は、国際物流・貿易をスムーズに行うために何百年もの間縁の下の力持ち的な存在で、よりよく機能するように進化してきました。

2-2　貨物海上保険の内容と約款

海上保険は主に船舶保険と貨物海上保険がありますが、ここでは貨物海上保険の補償内容について説明します。

国際物流において重要なのは保険の内容が標準化され、どの国の荷送人も荷受人も保険内容が理解できることです。日本をはじめとして米国や中国などでも貨物海上保険の約款はありますが、貿易取引において広く利用されているのはロンドンの協会が定めたICCです。現在広く利用されている2009年ICCをもとに貨物海上保険の内容についての簡単な説明をします。

貨物海上保険の内容として重要なポイントは補償内容と保険期間になります。なぜならば、保険期間内に外来・偶発の原因よる損害で、かつ、補償されている危険による損害の場合のみ保険金が支払われるためです。

2009年ICCには基本的な条件としてICC(A), ICC(B)およびICC(C)の３種類があります。ただ、ほとんどの貨物は、ICC(A)の条件にて保険が手配されています。ICC(B)およびICC(C)は特殊な貨物に適用される条件で、補償されている損害も限定的な内容になっています。

a) 補償内容

ICC(A)ので定める保険条件・補償内容は、ICCの中で最も広いカバーであり、

オールリスクの条件となっています。ただし、オールリスクカバーといってもすべての損害をカバーするものではありません。ICC(A) の約款の中にある免責条項に記載されている免責危険による損害は補償されません。

主な免責危険は、故意・違法行為による損害、梱包不十分・コンテナ内への積み付け不良による損害、貨物固有の欠陥・性質による損害、航海・運送の遅延による損害、違約金・廃棄費用等の間接損害、原子力による損害、戦争・ストライキによる損害等があげられます。ただし、戦争・ストライキについては別途、戦争約款 (Institute War Clauses) およびストライキ約款 (Institute Strike Clauses) によって復活してカバーする保険が手配されますが、補償内容は貨物海上保険とは違っています。

一方で、ICC(B) および ICC(C) は列挙された危険のみカバーします。上記の免責危険も適用されますが、基本的に列挙された危険によって生じた損害のみ保険金支払いの対象となります。そのため、バルク貨物など特殊な貨物や非常にリスクが高く保険会社が引受条件を制限するような中古車や中古機械などの場合にこれらの条件が適用されます。

あと、特筆すべき点としてはどの条件でも共同海損は対象となっていることと

ICC(B) が地震、噴火および雷による損害について補償していることいることです。共同海損は第 4 章で説明します。地震、噴火および雷につきましては ICC(A) もそれらの損害を免責にしていませんのでカバーします。日本は地震のリスクが非常に高く、国内の物流にのみ適用される保険では原則陸上にある場合はカバーされませんが、国際物流における貨物海上保険の ICC(A), ICC(B) では地震リスクを陸上を含む全保険期間でカバーしています。ただし、ICC(C) はカバーされていませんのでご注意ください。

b) 保険期間

貨物海上保険の保険期間は原則として貨物が仕出地の荷送人の倉庫または保管場所において輸送開始のため輸送車両または輸送用具に積み込みのために最初に動かされたとき (first moved) から開始し、通常の輸送過程を経て、仕向地の荷受人の倉庫において輸送用具などから荷卸しが完了したとき (completion of unloading) までの期間を指します。ただし、外航本船からの荷卸し後 60 日（航空便の場合 30 日）経過したとき、または、通常の輸送過程でない保管か仕分けなどのために倉庫において荷卸しされたとき保険は終了します。

また、貿易条件によって荷送人・荷受人の危険負担の移転時期によって保険期間が

変わる場合があります。たとえば、貿易条件で運送人に渡った時点や本船に積み込まれた時から開始される場合があります。そして、保険期間を制限するために FOB Attachment Clause などの特別約款が適用されることがあります。次にその貿易条件との関連について説明します。

2-3　貿易条件と貨物海上保険

誰が貨物海上保険を手配し、誰が事故の発生・発見した時に保険金請求し、保険金を受け取ることができるのでしょうか？その答えに対するヒントが貿易条件にあります。

貿易条件は、貿易取引において売主と買主の間でスムーズに契約の取り決めができるように定型化されたものがあります。それは、国際商業会議所が定めたインコタームズ(International Commercial Terms) です。定型的な貿易条件として1936年に取り決めたのが始まりで、その後商習慣の変化に伴って何度も修正、改定されています。直近では、インコタームズ2010から2020年1月に「インコタームズ2020」に改定されたのが最新版です。このインコタームズでは貨物受け渡しの場所、リスクの移転時点、運送の手配と運賃の負担区分、保険の手配と保険料の負担区分など売主と買主がどのように負担するか取り決めています。

貿易条件によって、貨物に対するリスクの負担をする者が決まります。そして物流の過程の中でそのリスク負担者が荷送人から荷受人に移転します。そして、そのリスク負担者こそが貨物海上保険で保険金を請求できる立場となる被保険者となります。いろいろな保険の中でも被保険者が移転するのが貨物海上保険の大きな特徴となっています。そのため貿易条件と保険の被保険者および保険期間の関係を理解することが大事になります。

インコタームズ2020では、伝統的な貿易条件で在来船に適した「海上および内陸水路輸送のための規則」の FOB,CFR および CIF で船舶の船上に積まれた時または FAS の船側で渡した時にリスクは移転するのと、コンテナ輸送や航空輸送および複合輸送などいかなる運送手段にも適した規則 (EXW, FCA, CPT, CIP, DAP, DPU, DDP) の2つに分類されて全部で11の貿易条件になります。

輸出国で貨物を引渡す時にリスク移転する

輸送の危険負担

国際的な貿易取引条件で使用している「輸送の危険負担」とは輸送中に貨物を紛失したり、商品価値を失う事故についてその責任を輸出者が負担するのか、輸入者がするのかは取り引き条件ごとにICC（国際商業会議所）の国際規則、Incoterms で決められている。一般的にFOB契約やCFR契約で輸出する貨物は船積み前の危険負担は輸出者、本船積み後は輸入者に移転するため、海上保険の付保は輸入者の責任となる。仕向地で損害や滅失が発見された時は輸入者（買主）が被保険者として、保険請求するが、（1）買主に危険負担移転前（船積み前）の発生事故（2）仕向け地（到着地）での持ち込み渡し条件による販売物件（3）無償貨物（支援物資など）（4）日本で発生した修理など費用の売主への支払い、は除かれる。

条件では、荷送人工場で引渡す EXW、埠頭または船上で引渡す FAS、在来船上で引渡す FOB,CFR および CIF、コンテナ輸送の場合の FCA, CPT, CIP があります。

　一方、輸入国で貨物が引渡されるときにリスクが移転する条件としては、DAP, DPU および DDP があります。それらは仕向地にて引渡すのですが、荷卸し作業も荷送人側が行うものと関税も支払い引渡すなどの条件がついています。

　それでは、保険の手配とリスクの移転の観点から説明します。

　FOB および CFR の貿易条件：貨物海上保険は荷受人側（輸入側）が手配しますが、リスクの移転は本船に積まれた時で、貨物海上

保険では FOB Attachment Clause が適用になります。一方で、本船への積込時までのリスクは荷送人側（輸出側）にあり、別途保険手配（FOB 輸出保険）が必要となります。

　CIF の貿易条件：貨物海上保険は荷送人（輸出側）が手配し、保険が開始してからリスクの移転時である本船に積まれた時まで荷送人が保険金請求権を持ち、リスクの移転後は荷受人（輸入側）に移ります。

　コンテナ輸送の場合で FCA および CPT の貿易条件：リスクの移転は運送人への引渡し後であり、FOB、CFR と同様に保険の手配も荷受人が行います。そして、運送人への引渡し以前のリスクは荷送人が負いますので、別途保険手配（FOB 輸出保険）が必要となり

Incoterms（インコタームズ）

　International Rules for the Interpretation of Trade Terms（貿易条件の解釈に関する国際規則：Incoterms と略）は国際商業会議所（ICC）が制定した貿易取引条件に関する国際的な統一規則、解釈。

　Incoterms2020 年版では国際貿易取引における買い手と売り手の責任を定義する標準化された用語のセットは 11 あり、各 Incoterms は、商品の配送、輸送、保険に対する買い手と売り手の責任を定義している。（例：FOB）Incoterms の「FOB」（Free on Board）では、売り手は商品を仕出し港まで引き渡し、本船に積み込む責任を負い、買い手（受け荷主）はそこからの輸送に関連するすべての費用とリスクを負担することを規定している。Incoterms は商品の配送に対する責任のみを定義し、商品の価格、支払条件、品質などの販売の他の側面についてはカバーしていない。

　Incoterms for 2020 では下記 11 規則が記載されている。

全ての輸送手段に適用する規則
1. EXW (Ex Works) 工場渡し条件
2. FCA (Free Carrier) 運送人渡し条件
3. CPT (Carriage Paid To) 輸送費込み条件
4. CIP (Carriage and Insurance Paid To) 輸送費保険料込み条件
5. DPU (Delivered at Place Unloaded)荷卸込、持込み渡し条件（ターミナル渡し条件：DAT. から変更）
6. DAP (Delivered at Place) 仕向け地持ち込み渡し条件
7. DDP (Delivered Duty Paid) 関税込み仕向け地持ち込み渡し条件

内陸水路、海上輸送に適用する規則
8. FAS (Free Alongside Ship) 船側渡し条件
9. FOB (Free on Board) 本船渡し条件
10. CFR (Cost and Freight) 運賃込み条件
11. CIF (Cost, Insurance, and Freight) 運賃、保険料込み条件

ます。

　コンテナ輸送の場合でCIP の貿易条件：CIF と同様に貨物海上保険の手配は荷送人（輸出側）が行い、リスクの移転はコンテナを運送人に引き渡した時に荷送人から荷受人に移ります。保険開始から運送人に引き渡されるまでは荷送人のリスクをカバーし、それ以降は荷受人に保険金請求権が移ります。

　EXW の貿易条件：貨物が荷送人（輸出側）の倉庫・工場を出たところからリスクは荷受人側（輸入側）にあります。つまり、運送中の全行程は荷受人側（輸入側）のリスク負担となり、保険の手配は荷受人が行います。

　DDP の貿易条件：荷受人側（輸入側）の倉庫に着くまで運送の全行程は荷送人（輸出側）のリスクとなりますので、保険の手配は荷送人が行います。

　このように各貿易条件によって貨物海上保険の手配するのが荷送人か荷受人が行うか決まり、リスクの移転により保険の請求手続きを行うものも特定されます。万一、貨物海上保険の手配を忘れて無保険状態で貿易が実行されないように、貿易条件と保険の手配をするべき者の関係をよく理解しておくことが重要です。

クレーム処理の手順
～ 事故発生から解決まで ～

クレーム処理にあたっての基本的な考え方

荷主にとって、貨物が無事に届き、それを商品として販売することで利潤を得ることや、輸入原料から商品を製造することが重要なのは説明するまでもありません。そして、万一、その貨物が損害を受けて、または、不足して到着した場合、荷主は利益を得る機会を損なったことになります。その損失が発生した際には、さらなる損失の拡大を防止するために、貨物海上保険のクレームをスムーズに処理し、次の商売につなげることは、荷主の利益に適っています。つまり、万一の時どのような流れでクレームが処理されるのかを知っておくことは、荷主にとって非常に役立つ知識と言えます。また、運送人の担当者としては、荷主サービスの一環としても、運送人としての責任がいかに設定されているかは、知っておくべき重要なことの一つと言えます。

すでに第1章で述べたとおり運送契約と保険契約におけるクレームの扱われ方は異なっています。運送保険における貨物の損失に対するクレームの根拠は、契約に基づく債務不履行責任による賠償請求か、不法行為責任による賠償請求を行うことにあります。つまり、運送契約は、運送人が受け取った貨物を仕向け地まで運び、受け取った状態と同じ状態で指定された荷受人に引き渡すことです。その契約が履行できなかった運送人に対して責任を追及する行為です。そのクレームの処理には時間がかかる上に、運送契約に設定されている責任制限の適用があるため、損失をすべてカバーすることは困難です。さらに、不法行為責任による請求の場合は、契約の有無に関係なく、他人の所有物を損傷させたことによる請求であるため、債務不履行責任による賠償請求よりも難しいクレームとなります。

一方、保険契約においては、補償されている条件に合致していれば、保険請求書類を提出することで貨物の損失をカバーすることができます。ただし、注意しなければいけないのは、すべての損害をカバーしていないことと、予定していた利潤まで貨物海上保険で完全に補てんしません。通常、貨物を再度取り寄せるためのコストや利益の一部等をカバーするために、保険金額は CIF × 110％に設定します。この 10％分を希望利益といいます。しかしながら、時間の制約のため航空便での取り寄せを要するケースや関税の取り扱いの違いによっては、受け取った保険金以上のコストが発生することがあります。

だからと言って、荷主は、貨物海上保険会社からの保険金と運送人からの賠償金の両方を受け取ることはできません。ふつうは、運送人からの賠償金より貨物海上保険の保険金

013

貨物海上保険請求と代位求償クレームのフローチャート

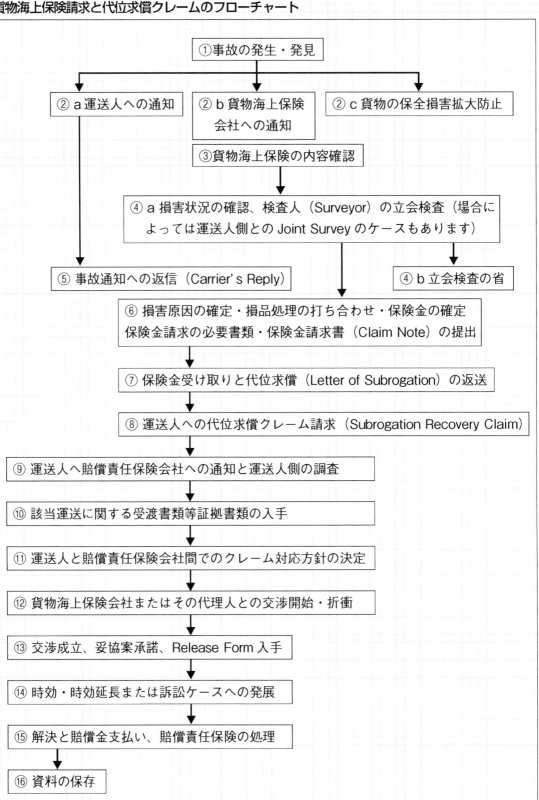

① 事故の発生・発見

② a 運送人への通知

② b 貨物海上保険会社への通知

② c 貨物の保全損害拡大防止

③貨物海上保険の内容確認

④ a 損害状況の確認、検査人（Surveyor）の立会検査（場合によっては運送人側との Joint Survey のケースもあります）

⑤ 事故通知への返信（Carrier's Reply）

④ b 立会検査の省

⑥ 損害原因の確定・損品処理の打ち合わせ・保険金の確定　保険金請求の必要書類・保険金請求書（Claim Note）の提出

⑦ 保険金受け取りと代位求償（Letter of Subrogation）の返送

⑧ 運送人への代位求償クレーム請求（Subrogation Recovery Claim）

⑨ 運送人へ賠償責任保険会社への通知と運送人側の調査

⑩ 該当運送に関する受渡書類等証拠書類の入手

⑪ 運送人と賠償責任保険会社間でのクレーム対応方針の決定

⑫ 貨物海上保険会社またはその代理人との交渉開始・折衝

⑬ 交渉成立、妥協案承諾、Release Form 入手

⑭ 時効・時効延長または訴訟ケースへの発展

⑮ 解決と賠償金支払い、賠償責任保険の処理

⑯ 資料の保存

の方が大きな金額になる上に、請求にかかる時間や手間も貨物海上保険の保険請求の方が有利となります。それゆえ、基本的に荷主は貨物海上保険でクレーム処理をして、運送人へのクレームは貨物海上保険会社に任せるべきです。

それでは、前のページに典型的なクレームの流れの順番に列挙してみました。この流れに従って、それぞれについて説明していきます。事故発生から保険金の受け取りまでは荷主（荷受人）が中心となってクレーム処理にあたります。運送人への本クレーム（Formal Claim）から調査、交渉から解決までは運送人が主に対応することとなります。

3-1　事故の発生と発見

貨物の過不足、破損、腐敗、水濡れなどの事故は、それらの貨物が揚げ地で運送人から荷受人に引き渡された後、荷受人の倉庫などでコンテナを開けた際にはじめて発見されるケースが大半です。

事故が大きい場合は、この引き渡しの前に運送人によって発見されることもあります。たとえば、コンテナがひどく破損している、あるいはコンテナから水がしたたり落ちているケースなどです。

事故の発生は、大きく分けて、a) 運送人の引き受け以前、b) 運送中、c) 引き渡し以後の三つに分類できます。

荷受人は、引き渡された貨物が破損、腐敗などしていれば、当然運送人にクレームを起こします。しかし、問題はその破損、腐敗が、いつ、どこで生じたのか、です。これがクレーム処理業務の中で重要なポイントですが、この発生の場所、時間の特定がなかなか困難で、断定または推測するまでにかなりの時間と労力を要します。

逆に言えば、この断定が簡単明白ならば、クレーム処理は実に楽な仕事といえるでしょう。なぜならば、事故発生の場と時が明らかならば事故の責任者の特定も可能だからです。

補償額の決定は、運送人とクレームの請求者との折衝、妥協によりますが、この根拠となるのが事故発生の場所と時間の断定、または推定です。

発生場所と時間の断定・推定は、事故関連のあらゆる証拠書類、記録を可能な限り回収して調査します。それらは Vanning Report、Devanning Report、Partlow Chart、EIR（Equipment Interchange Receipt）、Survey Report など積み地、揚げ地、航海中、そして第三者の査定など多岐にわたります。

a) 運送人への引き渡し前

荷主が運送人に貨物を引き渡す以前に、貨物が壊れていた、腐っていた、というケースです。

これは現代のコンテナ輸送では、運送人が引き受ける時点では発見しにくく、外見

上もそれとわかるコンテナの穴や破損がなければ中身の状態は不明です。

揚げ地で荷受人が開梱して確認される貨物の水濡れや腐敗に、それを運送したコンテナや冷凍装置に欠陥が認められないときなど、しばしばこの積み込み以前、すなわち、もともと水濡れ、あるいは腐敗していたことが推定されます。あるいは腐りやすい、湿気を吸収しやすい品目に、品物固有の欠陥（Inherent-Vice）と断定されることもあります。

コンテナ輸送でなく、在来船の個品輸送なら、積み地で貨物の破損、濡れなどが発見しやすく、その旨Mate's Receiptなど受け渡し書類上にリマークされます。それ

によって運送人は引き受け以前の貨物の欠損を証明します。

b）積み込みから揚げ荷（運送中）

運送人が荷受人から貨物を引き受けてから揚げ地で荷受人に引き渡すまでの区間に生じる場合です。

例えば、コンテナを引き受けた後、ターミナルで落下事故を起こした、あるいは、冷凍コンテナの冷凍装置の設定をまちがえて、中身の冷凍肉を腐らせた、といったケースです。こちらは運送人の責任になりますが、免責になる場合もあります。

例えば、本船が荒天（Boisterous Weather）に遭遇して、中身が荷崩れを起

Lloyd's Coffee House と Lloyd's of London
　ロイズ コーヒー ハウスは1686年（貞享3年、5大将軍徳川綱吉の時代）にEdward Lloyd氏によりTower Streetに開店。コーヒーショップが珍しかったため、船員や商人、船主に人気のカフェとなった。Lloyd氏は信頼できる海運ニュースを提供、海運業界のコミュニティは、海上保険、造船、外国貿易について議論するためにこの場所に頻繁に集まるようになり、商取引や、保険市場のLloyd's of London（ロイズ保険組合）、船体保険の基礎となる船舶登録のLloyd's Register、海上保険業の設立につながった。コーヒー ショップは1691年にLombard Streetに移転し、そこから海上オークションの価格と船積みのニュースが発表され、船舶や海運が絡んだ競売も行われた。Edward Lloyd氏が1713年に没したのち、外国貿易の携わる商人と保険引き受け者（Underwriter）を中心に、1774年に保険取り決めの参加メンバーが委員会を結成し、Society of Lloyd's（ロイズ協会）となり、1871年（明治3年）にロイズ協会

はロイズ法を制定させ、協会を法人化してロイズ保険組合（Lloyd's of London）となった。その後、巨大化した自然災害や米同時多発テロ、製造物責任法の改正などで多額の損失を計上した。債務完済を目指してLloyd'sの経営改革がすすみ、エクイタスの再保険が設定され、その会社は現在、米鉄道大手のBNSFの持ち株会社、Berkshire Hathawayの子会社に買収された。
　Lloyd'sでは個々のアンダーライターが直接保険取引せず、シンジケートと呼ばれる会社を通じて保険を引き受ける。Lloyd'sにはシンジケートが100ちかく（92社・個人、2023年3月）あり、それぞれが海上保険や火災、自然災害、盗難など得意とする分野の保険を引き受けている。
　Lloyd'sで付保するにはブローカーを通じて交渉し、分割して保険を引き受け、さらに他のシンジケートに再保険をかけ、さらにリスクを分散する。被保険料収入は保険料の引き受け割合に応じて分配するしくみ。Underwriterは保険証書の下（Under）に署名（write）するところから名づけられた。

こして損傷した場合、あるいはコンテナ内の化学薬品や木炭などが発火・炎上した場合などです。

従って、運送人が貨物を引き受けてから引き渡すまでの、いわば運送人の責任区間での事故であっても、前述のようなケースには、責任を負う必要はありません。

c) 荷揚げ後（引き渡し後）

貨物の破損がひどい場合、例えばコンテナが外見上も破損している場合は、本船からターミナルに陸揚げされる時点で発見されますが、通常は貨物が荷受人に引き渡され、その倉庫で開梱された時点で中身の異常が発見されます。

3-2　保険会社と運送人への通知および貨物の保全・損害拡大防止

貨物に異常が発見されたら荷受人はただちに対処しなければなりません。まずClaim Noticeを当該運送人へ提出し、保険会社にその旨通知すること、そして必要書類の収集、場合によっては現場への立ち会いを要求することなどです。

引き取った貨物に損傷があったら、荷受人はただちに引き渡した運送人にClaim Noticeを出します。これは通常、貨物引き取り（Delivery）後3日以内とされています。B/L約款は通常3日以内ですが、フォワーダーB/Lでは7日というものもあります。

実務的に3日は荷受人に厳しいので、1週間、あるいは1カ月後でも受理されていますが、あまり遅いと「外見上良好な状態」で引き渡された「引き渡し後の事故」と断定されますので、とにかく早く提出すべきです（航空貨物の場合は、引き渡し後14日以内に提出することを義務付けられています）。

この際、事故の内容を詳細に記述する必要はありません。貨物に異常があったということを運送人に通知し、クレームする権利を留保する、と言えば良いのです。従って、Claim Noticeには、本船名、B/L No.、港名、貨物名、損傷の種類（Nature of Claim）など必要最小限度の事項だけを記載すれば良いのです。Claim Noticeの書式は定型的なものがありますので、それを利用できます。また、通関を担当した業者が荷主に代わって運送人に提出してくれることもあります。

Noticeを出した結果、よく調査してみたら全品異常がなかった、ということであれば、それでそのクレームは自然消滅となりますので問題ありません。それより、貨物に損傷があると思われるのにClaim Noticeが出されていない方が問題です。もし損失が大きければ、運送人に対する本クレームとなって、補償額決定のための折衝になっていきます。

3日、あるいは7日の損害通知期限を超えても、運送人は前述「外見上良好な状態」で引き渡した一応の証拠（Prima Facie Evidence）を保留して、Claim Noticeを受

け付けます。しかし、引き渡しから１年(フォワーダー B/L では９カ月が多い) を超せば、たとえ運送人の責任である損傷、滅失であっても、運送人は一切免責となります。これを時効の成立（Time Bar）といいます。

　この、１年または９カ月の期限の寸前に Claim Notice が届けられることがあります。また、その Notice の年月日を１カ月ほど戻して（日付のバックデート）提出してくる場合があります。運送人はこれに対して、Notice に受け取った日時を（スタンプなどで）記録しその封筒（消印の月日が必要）も保管しておくべきです。

　実際に、３年前の貨物の腐敗をクレームした例があります。荷受人が引き取り後、検品せず収納したか、あるいはその時点では良好な状態だったものが、３年の間に変質したか、のいずれかでしょう。食品、とくに冷凍品、生鮮食品などは変質しやすいので、引き取り直後のチェックは必須です。むろん、このクレームは運送人に時効の成立によって拒否されています。

　期限９カ月と限定している B/L では、クレーム扱い上、引き渡しから９カ月で出訴権は切れます。ただし、わが国の国際海上物品運送法（改正）第 14 条（責任の消滅）第１項では、１年と規定していますから、これに抵触すると判示されれば、同法の規定通り１年となります。

　いずれにせよ、本クレームになってからの折衝を考えると、期間内でできる限り早く提出したほうがクレイマント（荷主または代位求償権を持つ貨物海上保険会社）に有利なことは間違いありません。

　提出、提訴が遅くなるとクレイマントに不利になるのは、その遅れた期間に生じた事故と推定される可能性があるからです。これは通信販売などで何か商品を購入して包みを開き、異常があった場合、ただちに電話しておいて、それを返品するか、売り手に来てもらうか、というのと同じことです。届けられた食品を１カ月後に開いてカビが生えている、とクレームしても通りにくいのは、届けられてからの期間が長いからで、送り出す前からカビていた、という立証が難しいからです。

　さらに、荷受人は貨物の損傷を発見した場合、その損傷が拡大しないように対処する義務があります。それは貨物海上保険で荷受人（被保険者）に対して求められている義務です。

3-3　保険内容の確認

　荷主からの事故の報告を受けた貨物海上保険会社の海損担当者は、まず荷主との保険契約の内容の確認を行います。その荷主との間に交わされた保険契約は、発生した損害を補償する条件になっているか、免責条件はないか、保険金額の設定はどのようになっているかなどの点を確認します。その内容に問題がなければ貨物海上保険の保険請求に必要な書

類や損害状況の確認のために第三者機関である検査会社（Surveyor）にサーベイの手配を行います。

3-4　損害状況の確認

　貨物の損傷がひどい場合や損害見込み額が大きくなる場合には、すぐに貨物海上保険会社に連絡して、サーベイヤーに調査を依頼し、損傷の状況の確認や損害額の認定、損害原因などをレポートしてもらいます。通常、サーベイの手配は貨物海上保険会社が行いますが、運送人に対するサーベイへの立ち会い依頼は荷主が行います。

　サーベイは荷主側が手配しますが、大きい損傷が予測される場合には、運送人も別にサーベイヤーを立てます。これをジョイントサーベイ（Joint Survey）といいます。後日、双方のサーベイレポートにおいて、損害原因や損失の認定金額などでしばしば食い違うケースもあります。

　サーベイは中立的な第三者機関であるサーベイヤーが行いますが、実務的には、依頼主に有利にレポートする傾向があります。荷受人側と運送人側のサーベイヤーが、損失分の価格算定を協議することもあります。また、まったく正反対の所見をレポートしたケースもあります。

　例えば、コンテナ落下事故で、その原因が本船デリックの滑車の航海中に生じた錆（さび）による、という荷受人側と、デリックの滑車は白く光り、まったく異常は認められなかった、という運送人側との違いです。

　このような矛盾するレポートもありますが、通常、第三者の現状報告として、クレーム処理には重要な資料であることはまちがいありません。サーベイレポート上には、貨物の損傷状態、損失価格、正常な分、売却による収益分、そして事故原因の推定など詳細にわたって記述しています。

　貨物の損傷が軽微な場合など貨物海上保険会社の判断でこのサーベイを省略することがありますが、省略するかの判断は保険会社が行いますので、荷主はまず保険会社への事故通知を行うようにしてください。

3-5　事故通知（Claim Notice）への返信（Carrier's Reply）

　荷受人からのClaim Noticeを受けた運送人は、受領の確認と、クレーム内容に対する所見を具体的に返信しなくてはなりません。返信の内容は2種類、すなわち、クレームをただちに拒否するもの、あるいは詳しく調査するために関係書類を送付するよう依頼するもの、です。このCarrier's ReplyもClaim Noticeと同様に定型的な書式がよく利用されています。

a) 拒否状（Letter of Repudiation）

　現時点・段階では、運送人の責任は考えられない、という補償の拒否です。当然正

当な理由を述べなければなりません。

　例えば、CY/CY（FCL/FCL）コンテナの中身の個数が、B/L面上100C/Tで、引き渡し後開梱した結果、99C/Tしかなかったという場合、そのコンテナのシールがはがれていた、あるいはB/L面上のシール番号と異なっていた、という事実がない限り、すなわち、シールが元のまま（Intact）であれば運送人は免責になります。具体的に言えば、運送人は荷主から預ったコンテナを、荷受人にそのままの状態で引き渡したのですから、中身の個数、状態については一切関知しない、という主張です。B/Lにも通常その旨記載されていることも拒否理由として書きます（"Shipper's Load & Count"、"Said to Contain 100 Cartons"）。

　このような免責はB/Lの裏面約款にもうたわれており（Unknown Clause, Shipper Packed Container）、表面の前述 "Shipper's Load & Count"、"Said to Contain…" と、二重に免責をうたっています。

　中身の個数については、荷受人も納得できるでしょうが、破損、腐敗、水濡れなどについては、運送人の貨物の取り扱い方、冷凍温度設定の誤認、またはコンテナの破損（天井の穴など）によるのではないか、という疑問が生じます。そのような場合には、荷受人は当然反論を送り付けなければ

なりません。そうして、そのケースは本クレームとなって運送人とクレイマントの間で折衝されます。

b)　調査のための書類請求

　運送人は荷受人より受けたClaim Noticeの内容および同時に入手する貨物の事故の大小の情報から考えて、前述のような拒否状でなく、詳細にわたる調査のための書類送付を依頼する返信を送付することがあります。

　すなわち、本クレームへの進展を予測して必要な書類、記録を収集します。一定の基準はありませんが、具体的には次のようなものです。

1. B/L Copy
2. Commercial Invoice、Packing List
3. Survey Report
4. Vanning / Devanning Report
　（Tally Sheet、Exception List、Mate's Receipt）
5. Debit Note
6. Insurance Documents（Insurance Premium、Letter of Subrogation）
7. その他本件に関するあらゆる証拠書類
　運送人は前述のほか必要に応じて次のような書類を調査のため回収します。
　① EIR（Equipment Interchange Receipt）
　② CLP（Container Load Plan）

Lloyd's Building

ロンドンの金融街シティーにあるロイズ保険組合の本社ビル（Lloyd's Building）は、2013年7月、中国平安保険股份有限公司（Ping An Insurance (Group) Company of China, Ltd.）に2億6000万ポンド（約486億円）で売却した。

③ Partlow Chart（Temperature-Chart）

④ Sea-Protest（海難報告書）

⑤ Weather Record

⑥事故報告書（発生現場など）

⑦廃棄・焼却証明書

⑧本船機器の検査証明書

⑨ G/A（共同海損）の場合（第3章にて説明します）

Average Bond, Commercial Invoice など、Underwriter's Letter of Guarantee

⑩その他、調査に必要な、あるいは有効なあらゆる証拠書類、荷受人側の書類と、運送人側の書類の双方を回収し、損失、不足発生の日時と場所を調査し、その責任の所在を追及していきます。

以上の書類のそれぞれに、調査の目的があり、簡単に解説すると次の通りです。

1. B/L Copy

本船、B/L 番号、貨物などの明細。

2. Commercial Invoice、Packing List

貨物の価格、破損品目と正常品目との価格の違いなど。

3. Survey Report

貨物の損失、破損状態の詳細、再生可能分、正常な分などを調査するために重要。

4. Vanning/Devanning Report

（Tally Sheet、Exception List、Mate's Receipt）

さまざまな名称がありますが、ほぼ同種の書類。貨物をコンテナに詰める、あるいはコンテナを開いて取り出す際の個数をチェックしていますが、貨物に異常があれば、その旨リマークされます（例、"20 C/T Wet"、"12 C/T Broken"）。

5. Debit Note

損失額の請求書。Claimed Amount といいます。クレイマントが運送人にこれだけ弁償してほしい、というものです。この額は折衝により、拒否（ゼロ）から満額（100%）まで様々です。この額の正当性が、Commercial Invoice や Survey Report などで明確にされます。

6. Insurance Documents（Letter of Subrogation）

荷受人が保険金を受け取ると、支払った保険会社は、運送人への損害額請求権を荷受人から取得します。その旨記された書状です。Subrogation は代位権の意。

7. その他

本件の調査に有用な記録であればすべて必

要です。折衝上、自分の側に有利なものを収集します。

（例、Sea-Protest、検査証明、倉庫で立ち会いの上の貨物破損状態報告書など）

運送人がクレーム処理のために、必要に応じて回収する書類。

1. EIR（Equipment Interchange Receipt）

コンテナの破損は貨物破損への影響が大きいはずですから、ターミナルを出る時点、開梱されて空となったコンテナの状態をチェックして、リマークを付けておきます。

2. CLP（Container Load Plan）

貨物の損失、破損状態によっては、そのコンテナ内の積み付け状態を調査することもあります。

3. Partlow Chart（Temperature-Chart）

冷凍コンテナ内の温度を記録するもので、冷凍コンテナ食品（肉、魚など）の腐敗には必須の証拠になります。引き受けから、航行中、引き渡しまで、適当な温度が保たれてきたかを明示していますから、事故原因の解明に役立ちます。例えば、荷受人が開梱して冷凍肉は冷凍されているのに、悪臭がある。よく見ると、もともと腐敗していたか、あるいはいったん解凍し、腐敗しかけた肉が再び冷凍されている、という具合です。このチャートは、何月何日、-20度の設定が+10度になり、翌日また-20度に下がったことを記録していますか

ら、その日付が本船航行中ならば、その時点での事故とわかります。そして原因は荒天による機器の故障か、停電か、などと調査していきます。

このチャートは運送人が所有するもので、外部に出さないところも多いのですが、クレイマントは当然提示を求めます。

事故原因の追及には、証拠はできる限り双方が検証して折衝すべきでしょう。チャートの記録に異常がない場合は、運送人には有利な証拠でもあるからです。

4. Sea Protest（海難報告書）

本船が航行中荒天に遭遇し、積み荷が異常な揺れによって破損していることを予測して、船長がその記録を揚げ地の領事館に届け出るものです。貨物の損失に対して避けられない、不可抗力的状況であった、という運送人の免責を主張するための大きな証拠となります。

5. Weather Record

Wet Damage は、いつ、どこで Wet したかが重要なポイントです。従って、航海中の雨天の有無、必要なら引き受け前、引き渡し後の天候も調べます。

6. 事故報告書

コンテナがクレーンから落下した、といった事故発生の場で、その状況を記述したものです。サーベイレポートのように詳細でなく、まず事故発生の事実を報告するものです。

7. 廃棄・焼却証明書

腐敗した肉などを焼却する、あるいは特殊な処理を要する貨物の廃棄終了の証明書。貨物の商品価値ゼロおよび処分費用がかかっていることの証明でもあります。この費用をクレイマントは当然請求し、運送人は二次的損害（Consequential Loss）として免責を主張し、しばしば争点となります。

8. 本船機器の検査証明書

コンテナの落下、冷凍機器の故障など事故原因が運送人の管理不十分によるのか、あるいは規定されている検査基準保証期間内に生じた「隠れた欠陥」によるのか、などを調査するための証拠となります。本船デリックの滑車が破損してコンテナが岸壁に落下したケースで、そのデリックの検査証明が次の検査までの期間内に起きたため、「隠れた欠陥」として運送人が有利に

温度変化による凍結

リーファーコンテナ内の温度変化で魚介類や果実類から浸み出た水分が凍結

解決したケースもありました。

9. G/A（共同海損）

Average Bond、Commercial Invoice など、Underwriters' Letter of Guarantee は、運送人が荷受人から回収して、すべて Average Adjuster（共同海損精算人）に送付されます。第3章でその流れを説明します。

10. その他

倉庫で開梱時の損害状況報告、その写真など、サーベイレポートの前段階のものも、調査には必要です。

運送人は、以上のような書類、記録を回収して本クレーム調査にあたります。このような請求と共に、荷受人に対して貨物海上保険会社に対して保険求償をするよう勧めます。調査、折衝と、最終解決までに相当の時間を要するうえ、早く荷受人から保険会社、その代行の法律事務所にクレイマントが代わることにより賠償責任のクレーム処理がよりスムーズにいくからです。

3-6 損害金額の確定と保険金の決定および貨物海上保険求償

荷受人は、貨物海上保険会社から要求された書類を手当てするために、運送人や物流関係者に対して各種の書類を依頼します。また、事故発生状況の確認や損害額の認定、損害原因の特定のためにサーベイヤーからも同様な書類を要求されます。

　貨物海上保険会社の海損担当者は、サーベイヤーのレポートと関連書類から損害金額を算定した上で、契約された保険条件に照らし合わせて、支払い保険金の金額を決定します。

　保険金請求者である被保険者（荷受人）がその保険金の金額に了承できたら、保険金振込先等の情報を明記した保険金請求書（Claim Note）を用意して、貨物海上保険会社に送付します。

　荷受人が貨物海上保険会社やサーベイヤーから要求される主な書類は、次のようなものです。それは、前項の2-5 b）調査のための書類請求とほとんど重複します。

1. Insurance Policy または Premium Debit Note
2. B/L Copy
3. Commercial Invoice, Packing List（Copy）、Weight Certificate
4. Devanning Report、Tally Sheet、入庫報告書、Delivery Record、Mate's Receipt、Cargo Boat Note、Landing Report
5. Notice of Claim Copy、Carrier's Reply Copy
6. 事故報告書（事故の内容、損害数量、損害処理についての報告）
7. EIR（Equipment Interchange Receipt）の In/Out
8. CLP（Container Load Plan）、Vanning Report

9. Partlow Chart（Temperature-Chart）（冷凍コンテナの場合）
10. Sea-Protest（海難報告書）
11. 廃棄・焼却証明書
12. 運送人が発行した貨物の紛失報告書
13. 損害額を立証する書類（修理見積書、請求書、領収書、売却の伝票など）
14. 保険金請求書（Claim Note）

　必要書類は、その物流の手段（FCL、LCL在来等）や事故の内容によって違いますので、担当している貨物海上保険会社の指示に従って、できるだけ早く提出してください。そうすることによって、スムーズな保険金支払いを受けることができます。

3-7　保険金の受け取りと代位求償

　保険会社は被保険者の荷主に、提出された書類の調査後、妥当と判断すれば保険金を支払います。その際荷主は保険金の受領と同時に、損害額の運送人への請求権を保険会社に委譲する旨の一札を入れます。これが Subrogation Receipt（または Letter of Subrogation）で、保険会社または代行の法律事務所が運送人に本クレームをつける際、正当なクレイマントである証明のために、他の書類と共に添付されます。

　運送人はクレーム書類一式の中に、この Subrogation Receipt があり、請求権が誰の手にあるかを確認します。保険金を取得して、

さらに運送人へ請求する二重取りをする荷主が稀にあるので注意が必要です。

3-8 運送人への代位求償による本クレーム
(Subrogation Recovery Claim・Formal Claim)

荷受人が直接という場合もありますが、通常、保険金支払いをした保険会社、またはその弁護士から運送人へ本クレーム書類一式が送られてきます。書類内容は「Claim Notice への返信」の「調査のための書類請求」の項で述べたように、B/L Copy、Invoice、Survey Report、Tally Sheet、Debit Note、Insurance Document などです。

本クレームの運送人への送付期限は、貨物の引き渡しから 12 カ月、または 9 カ月（日本の法律では 12 カ月）です。Claim Notice 同様、早目に出すことが肝要です。時効直前に提出すると、引き渡し後の事故と断定され、補償額を下げられるから注意が必要です。

例えば、コンテナに破損個所があって、貨物に Wet Damage があった場合も、その Wet が必ずしもコンテナの破損個所からではなく、引き渡し後の雨水によるものと断定されるような場合もあります。

Claim Notice 同様、Formal Claim 書類一式も、前述の不利な条件を避けるためにも早目に提出するようにします。提出書類に一定の基準はないので、大体集まった時点で提出

し、自分に有利な記録が出てくれば、折衝中に出しても差し支えはありません。

クレーム処理という業務は、数々の準備手順を経て、この本クレームの運送人受け取りから始まるといっていいでしょう。運送人は書類一式を注意深くチェックし、クレイマントの言い分が妥当か、運送契約に反していないか、あるいは運送人の免責条項が無視されていないか、などを調査します。

3-9 運送人側の調査（折衝の準備）

運送人は、届けられた本クレームのすべての書類を、詳細にわたりチェックしなければなりません。関係ない書類が混じっていないか、不足の記録はないか、請求額に誤算、水増しはないか、などです。具体的なチェックの目安となる主な項目は次のとおりです。

a) 損失個数

サーベイレポートなどにより、損失した分は何カートンかを調べ、Commercial Invoice で、その損失該当分の価格を見ます。損失分でない正常分の高いほうが計算されていないかを調べます。これは故意ではなく、間違える場合もありますから、注意しましょう。

b) 各書類の矛盾

サーベイレポートが、荷主、運送人と別にある場合、損失個数、事故原因に関する

所見などに違いがないかをチェックします。損失個数、価格の違いのほか、事故原因が正反対の場合も稀にあります。前にも述べたように、荷主側のものは、デリックの滑車が航海中に錆びた、と記述し、運送人側のものは、白く輝いていた、という例もあります。

その他、同じ船名でも Voy. No. が違っていないか、同じ貨物名でも別のケースのものではないか、などの単純ミスも調べます。

c) Consequential Loss（二次損害）

B/L 約款でうたっている運送人の免責は、クレーム折衝では当然主張すべきです。運送人は原則として、損失貨物の価格そのものを補償の対象とし、その貨物にかかわる諸経費、すなわち、その貨物に要した関税、運賃、処分料、売り上げによる予想利益、といったものを対象外としています。

利用者である荷主から見れば、損失を被った貨物にかかった一切の費用が無駄になったのですから、当然それらも弁償すべきだ、と考えます。しかし、運送人の立場では、これらを法律上の因果関係としてとらえて対象外としています。例えば、大切な記念、あるいは取材写真のフィルムが不良品で写らず、記念にならなかった場合の、集まった人たちすべての交通費、会場費、取材によって得られたはずの収益などを、

通常フィルム販売会社は補償していません。その不良品と認めたフィルム代に限っています。これはフィルムの箱にも明記されています。これと同じ考えです。

契約思想の低いわが国では、この二次損害をめぐってしばしばトラブルが生じます。冷凍コンテナの温度設定ミスで腐敗した牛肉の廃棄処分料金（約 600 万円）支払い拒否で、しばらく取引中止をした荷主もありました。

このように、結果として起きた損害についての運送人の免責が、運送契約に明記されていることを、荷主にも知ってもらうよう、運送人が説明しない限りトラブルは絶えないでしょう。

d) Proceeds

サーベイレポートで、損失額から差し引かれる正常な状態の貨物の価格のことです。当然ながら、損失分ではない、すなわち商品価値があるのですからこれは除外されます。

請求金額の中に、この Proceeds 分がしばしば含まれています。故意か、意味がわからないのか、当然これは除外します。

Proceeds には、Lien（先取特権、留置権）に基づいて売却処分された貨物の売却によって得られた利益、の意もあります。または、Salvage Proceeds として損品処分によって得られた売却金額、の意味合い

もありま

e) 責任追及

　クレイマ……

及には、そ……

ます。これ……

書類が添付さ……

を注意深く読……

論理に矛盾が……

もっとも大切な……

決定への重要な……

　故意か誤認……

額が実際の損害額……

りました。Hay（……

"Sweat & Wet" ……

額は約6,000ドル、……

全7本のコンテナ……

に対するFumigation……

した。運送人がサーベ……

諸記録を調べてみると……

判明しました。

1. Proceedsが約200……

2. Fumigation Charge ……

損害である。

3. コンテナ天井の穴はわ……

他の6本に異常はない。

4. CY/CY条件で、貨物の……

気やカビの発生は「固有の欠……

Vice）である。

5. 天井の穴の1本に関しても、3〜5

センチ直径のもの2カ所で、中身全体が

Wetするとは考えられない。引き受け以前のWetも十分考えられる。従ってこの分は50%の補償。

　以上のことから、請求額6,000ドル、プラス60万円は3万円の支払いとなり、約2%の補償で決着しました。

　これはほぼ拒否（Repudiate）に等しい……端な例ですが、記録を注意深く調査せず、……求通り支払っていたら、と考えれば、こ……調査の重要性に納得がいくと思います。

……rket Loss

……物が損傷、滅失して、その価格を弁償……が本来のクレーム処理です。これに……貨物は無事故で引き渡されたが、本……て入港したために、展示会の期間……わず、絶好のPRの機会を逸した、……当然期待されていた収益が大幅に……という場合、運送人は通常B/L……補償の免責をうたっています。

……ential Lossの因果関係と似た……この免責の根拠は、……体の商品価値は落ちていない。……り算定が困難。

……自体の価格のみを補償対象

……* 美人の原則はわかりやすい

……、……の損失額算定は極めて困難

で、第1の原則からも到底認められません。

予測、期待される収益の算定は、運送人の預り知らぬところであり、仮にそれらを補

027

償していたら船会社は成立しませんし、あるいはそのような補償額を見込んで運賃を大幅に値上げしなければならないでしょう。

ところが、実際には荷主の方が強く、運送人が弱い時代（船腹過剰、貨物減少）には、このような Market Loss の補償がしばしば強要されるようです。

例えば、本船が遅れたため、船積みをキャンセルして航空貨物で輸送したので海上運賃と航空運賃の差額を補償せよ、というケースも多くあります。営業的配慮で支払うのは運送人の自由ですが、リスクマネジメント、運送契約といった視点に立てば、実に無駄であり、かつ業界に悪例を残す行為といわざるを得ません。

また、実例として、ある品物の価格が３倍になったので、Commercial Invoice 上の価格の３倍を補償せよ、というケースがありました。

"Heavily Wet" コンテナの床面

南米からのコーヒー豆で CY/CY 条件、シールははがされており、積み地運送人の保管区域内での抜き荷として、運送人は免責されません。結果的にコンテナの中身約半分を補償することになりましたが、その対象になる損害額が、原産地の冷害で価格が３倍に高騰しました。荷主はそれを運送人に補償せよと迫ってきました。どのような企業かと調べたら、驚いたことに、それは有名大企業の貿易商社でした。ですから当然 Market Loss の運送人免責を承知の上で圧力をかけていたのです。営業的配慮を別にすれば、そのような一方的論理を押し付けるなら、逆に価格が 1/3 に下落した場合、価格の３分の１の補償で荷主が納得するかどうか、を問うようにも現場に指示したと聞きました。

いずれにせよ、Market Loss のクレームは、クレーム処理以前の問題であり、強大国が弱小国に圧力をかけるのと同様の力の論理に過ぎません。

3-10　必要書類の回収

運送人がクレイマントよりの本クレームに反論し、補償支払いを拒否あるいは自社に有利な低いパーセントに抑えるためには、運送人側の記録を証拠にするため回収しなければなりません。

「調査のための書類請求」の項で

述べた書類以外にはコンテナおよび貨物の状態に関して次のような場面のものがあります。

　1. 積み地　2. 積み替え地　3. 揚げ地

　コンテナの破損がある、あるいはシールがはがれているなどが揚げ地で確認されれば、運送人はまず積み地でのコンテナ引き受け時の状態の記録を回収します。

　例えばCY/CY条件で、積み地で引き受けの時点でコンテナに破損がリマークされれば、破損しているコンテナを運送人が貸し出したのか、荷主がそれに気付かなかったのか、あるいは陸上輸送中の破損か、の問題が考えられます。

　運送人はB/L上の"Shipper's Load & Count"を引用して免責を主張、クレイマントは運送人のコンテナ・メンテナンスの不十分さを追及します。

　積み地でノーリマークというのも大切な記録です。航海中の事故がない限り、積み替え地、揚げ地、あるいは引き渡し後の損失発生を推定するからです。

　積み替え（Tranship）のある場合は、当然積み替え地の記録を回収します。コンテナが大破したり、中身がひどく破損、腐敗した場合など、その地でサーベイをかけたり、応急処置（コンテナの仮修理）をしたりします。そのような記録を入手して事故原因、責任の所在を調査します。

　揚げ地でも同様に記録を回収して調査します

すが、積み地、積み替え地（稀には臨時寄港地）の情報は入手に時間を要しますから、早目に関係地に送付依頼することが肝要です。

　揚げ地でのEIR-Outは、ひと目でそれとわかるような破損状態、コンテナ中身の腐敗の悪臭、滴り落ちる水、といったもの以外は発見しにくく、ノーリマークが多いのに、中身を取り出した後のEIR-Inにリマークが付く例が多いのですが、運送人としては、後日の折衝を有利に導くための、ひとつの証拠として持っているべきです。

　積み地での状態に異常なく、揚げ地での破損がコンテナ、中身の貨物ともにひどい場合は海上の荒天を予測して、Sea-Protestがファイルされていないかを船長に聞き、されていれば取りつけておきます。

　前述のコンテナの落下事件、冷凍機器故障による貨物の腐敗などには、検査期間切れに起きたのか、あるいは検査保証期間内（次の検査日までの間）に起きたのか、により運送人の責任が決められます。すなわち管理不十分か、隠れた欠陥かの問題です。このような証明事項の収集も早目に手配するほうが良いでしょう。

3-11　本クレーム対応方針の決定
　　　（補償額決定をめぐって）

　いままで述べてきた貨物の事故発生から、事故通知、損害確認、保険求償、Formal Claim、調査、そのための必要書類の収集な

029

どに至る一連の手順は、この項でとりあげる具体的補償額決定のための準備といえるでしょう。これらを証拠とし、引用していかに自社に有利な条件で解決するか、がクレーム処理の最重要ポイントであり、この折衝の巧拙によって補償額も上下します。

この折衝、すなわち掛け引きを自社側に有利に終わらせるように進めるには、国家間の外交、経営者と組合の交渉などと同様、あらゆる知恵を絞り、手段を講じなければなりません。

自社に有利な展開をさせるための論拠には、収集した諸記録の中から「このような記録から見て、当方に責任はない」というものを引用します。例えば「サーベイレポートは、貨物の損傷は、その状態から推して、航海中の揺れではなく陸上輸送中、あるいは荷扱い中の何らかのショックによると考えられる、とあるので、本船上、運送人側の責任によるものではない」などと主張します。

また、「コンテナ状態は良好で、積み地、揚げ地での記録もノーリマークなので、貨物の Wet & Sweat は、CY/CY 条件下の引き受け以前のものか、品物の吸湿性による固有の欠陥によるものと断定せざるを得ない」といった反論をします。

書類、記録以外には、B/L の記載事項、約款の引用も大切です。それはそこに記載されている貨物をどう扱い、目的地の荷受人に引き渡すかの条件、契約が明記されているから

です。

CY/CY 条件で、B/L に "Shipper's Load & Count" とあれば、コンテナ内の貨物の過不足については、別の表示の Said to Contain ○○ cartons のように、通常はコンテナシールに異常がない限り、運送人は免責可能です。これは通常、約款にもうたわれています。

CY/CY 条件のコンテナ内の貨物の損傷に関しては、その原因が何か、いつ、いかなる場において発生したか、の特定は困難ですが、運送人はとくに目立つコンテナの破損がなければ、通常クレームに対して拒否します。約款の内容不知（Unknown Clause）によっていますが、納得いかなければ、荷受人または保険会社は、諸記録を備えて本クレームを提出します。

本クレームを長く折衝し続ける間も、この B/L 記載事項、約款の引用は大切なことです。B/L 約款、運送契約の基本である法律、国際条約の類（国際海上物品運送法、Hague Rules、Hague Visby Rules など）も折衝を有利に導くためには平素から研究、知識を広げておかなければなりません。

運送人は一般的に集荷、運航に力を入れる半面、リスクマネジメントとして、貨物の事故、損失の補償、つまりクレーム処理をおろそかにしがちです。国際条約、法律、約款といった専門用語の多い文書は、専任の担当者を置いて、時間的余裕を十分与えて研究させ

ると良いでしょう。それが不可能なら、弁護士や会計士のように、クレーム処理のエキスパートを顧問として確保したいものです。

折衝のテクニックとして大切なのは、さまざまな資料（記録、関連法規など）から、自社に有利なものをとりあげ、これを効果的に主張することです。どんなに有利なデータでも、その引用と有利性を強調し、相手を説得できなければ無意味なものとなります。

資料はほとんどが「両刃の剣」的であり、その引用、展開、説得が拙劣であれば、逆効果になりかねません。

反対に、自社に不利なデータは、こちらからは取り上げない。ただ、相手がこれを取り上げて追求してきたら、逃げずに具体的な反論をしなければなりません。有利なものを取

り上げて自説を主張するのは狡猾なようですが、これはあらゆる取引、交渉の基本であり、一種のゲームと考えて進めるべきです。

折衝の巧拙が補償額を大きく左右しますから大いに研究、実戦での成功を学んでもらいたいと思います。

3-12　交渉開始・折衝

a) 返信・反論

クレイマントからの本クレームに対し、運送人の対応には次の３通りあります。

・満額補償承諾

・補償拒否

・妥協額回答

満額補償承諾であれば、それで支払い万事終了となります。しかし、実際にそのような「一発回答」は極めて稀です。

妥協額回答は、クレイマントの主張に反論を加え、根拠を示して同意を求めるものですが、実際にはこれも「一発回答」は稀です。何度かのやりとりの後に決着します。

もっとも多いのが、拒否（Repudiation）です。拒否には、クレイマントの要求に対して、具体的な反論でなければなりません。すなわち「こういう事実、状況である。従って本件に関して運送人に責任はない」といった論拠です。

もっとも、この第１回の反論では戦略的に免責を主張する場合が多く、必ずしも絶対的なものではありません。

サーベイヤー

輸送貨物が損害をうけたり、損傷した場合に損害の原因究明や貨物の処分の算定等をする専門知識を有する第三者機関がサーベイヤー（Surveyor、海事検査人または海事鑑定人）として検査する。

通常、事故が発生した場合に荷主がサーベイヤーに依頼し、サーベイヤーは損害の発生原因や時期、場所等を特定する貨物損害を検査（Cargo Damage Survey）し、損害額を調査してサーベイレポートを荷主、依頼主に提出する。荷主はサーベイリポートを運送人に提示し損害賠償請求や加入している保険会社に対しての保険金を求償する。荷主が外航貨物海上保険を付保している場合は、実務を保険会社が代行してサーベイヤーを手配するケースが多い。ただし、原則、荷主から依頼するため、サーベイフィー（検査料）は荷主負担となるが、損害が貨物海上保険で補償される場合、このサーベイフィーも保険金に加算して支払われる。

例えば、クレイマントの「コンテナ天井の穴によって、貨物に Wet Damage が生じた。従って損失分 100 万円を支払ってもらいたい」という要求に対し、運送人は「天井の穴は直径 2 センチのものが 2 カ所である。航海中の雨天の記録はわずか 1 日。この損傷はコンテナの穴によるものではない」といったものです。

このような運送人の反論、拒否に対して、クレイマントは、まず主張していることが事実に基づいているか、この例でいえば、コンテナ天井の穴は本当に 2cm～ 2 カ所か、を確かめます。その結果、他にコンテナのドアが破損しているのを運送人が見落としていたら、当然それを追求します。あるいは「事実 Wet は生じている、荷受人の倉庫で開梱したときの Tally Sheet には、"30 C/T Wet" とリマークされている」などと反論します。

クレイマントから反論を受けた運送人は、その指摘（ドアの破損状況など）について、答えた後、再反論に及ぶべきです。都合の悪い点、痛いところを突かれて沈黙すると、次の返信でより重要な事故原因のように論理を飛躍される怖れがあります。

サーベイレポートに添付される貨物の破損、腐敗の状態を示す写真は、実際にこのような損失が生じていることを強調する強力な証拠です。クレイマントは当然これを引用し、運送人に補償を求めます。

運送人は、この現実は写真が間違えて他のものでない限り、認めざるを得ません。しかし、問題はこの損失が、いつ、どこで、どのように起きたかだ、と反論します。

反論に反論を繰り返していると、双方に論拠が出尽くしてしまい、同じことを繰り返し強調し、また前述のような「とにかく、写真に明確にあるように、実際に貨物がこのように破損、腐敗しているのだ」といった説得性のない主張も出てきます。

折衝、外交といったものは、自社側に有利に導くために、多少矛盾したこと、事実かどうか疑わしいものも引用します。いわゆる詭弁も用います。そのような主張には、具体的、科学的な論理で反論します。

また、論拠、資料の引用も、自社側に有利なものを多く引用し、そうでないものには触れないようにします。それは駆け引きとしては良いのですが、場合によって折衝の場に出さないことがマイナスになることもあります。

冷凍コンテナの肉や魚の腐敗では、その原因と考えられるコンテナ内温度の変化を知るために、運送人は温度記録（Temperature Chart あるいは Partlow Chart）を取り寄せます。何月何日、コンテナの温度は何度、と記録されていますから、冷凍ものの腐敗原因調査に必須のものです。

ところが、この温度記録を外部に出さな

い、すなわち、クレイマントに見せない運送人もいます。これが異常なし、と記録されていれば、航行中の事故でない証拠ですから、むしろクレイマントに対して免責主張の良い証拠となります。逆に異常が記録されていれば、確かにマイナスのデータとなりますが、これの公開を拒めば、異常があるのを隠していると疑われ、サーベイレポートにも「提示を求めたが運送人に拒否された」と記された上に「航海中の温度の変化により」と推定、ないし断定されます。

航海中のコンテナ冷凍設備の故障、荒天による停電のため冷凍機能が落ちた、などの原因、それも免責となる不可抗力的なものもあります。運送人はこれを公開した上で、正しい原因を追及すべきです。

このように、できる限り記録は公開し、それを詳細に調査して事故原因を追及するのがもっとも正しく、望ましい方法であるといえるでしょう。

駆け引き、詭弁にもいろいろあります。前例のコンテナ天井の穴による Wet というケースでは、何本か同時に運送したコンテナのうち、1本のみが Wet Damage を生じ、他は正常ですから、この1本の Wet は明らかに天井の穴からの浸水による、という論法がありました。

このような「論理」に対して運送人は、「他の Wet Damage を生じなかったコンテナにも、同じような、小さい穴がいくつか

見られている」というマイナス要素をプラスにする反論も可能となります。

また、天井の穴プラス、ドアの破損があるならば、その程度はともかく、運送人のメンテナンス管理が不十分だ、とクレイマントは追及します。これは本船および本船機器を航海に耐えるよう運送人に義務づけた法律によっています。

これに対し、運送人は、コンテナへの詰め込みは荷主によるもので(CY/CY 条件)、運送人が引き受けた時点で、コンテナの破損は記録されていない。だからこのコンテナの管理責任はまっとうされている、すなわち正常な状態のコンテナを貸し出した、と反論します。そして、万一、コンテナに欠陥があったならば、荷主は運送人に通知すべきだった、と言います。

このコンテナのメンテナンス責任と、積み地でのコンテナ状態ノーリマークとは真っ向から対立し、双方とも終始譲りませんでした。

天井の穴よりの浸水が Wet Damage の原因と主張するクレイマントに、穴の大きさ、数からいって、それが原因とはいえない、とする運送人は、その論拠を強めるために、さらに他の証拠を用意します。

サーベイレポートに「Wet は雨水であり、海水ではない」とありますから、航行中に大雨が何日、何回あったのか、またコンテナを引き受ける前（積み地）および引

033

き渡し後（揚げ地）での雨量はどうであったか、を調べます。

　もし、積み地で引き受け前に豪雨があれば、コンテナの穴以前に、詰め込み前にすでに濡れていた可能性もあります。実際に、Raw Cotton の野積みで、コンテナ詰め込み以前にひどく濡れていた例もあります。

　貨物の引き受け前から引き渡し後までの天候記録（Weather Records）を入手するのは時間と手間がかかりますが、これは極めて説得性のある証拠です。連日の大雨であれば、運送人の主張するコンテナ天井の小さい穴からの浸水否定説は通りません。逆にほとんど雨天の記録がなければ、引き受け前、あるいは引き渡し後の Wet、ということになります。

　このように、できる限り客観的なデータに基いて、推定、断定するのが最善ですが、時間と手間がかかるため、裁判のように長引くのです。

　クレイマントの天井の穴よりの浸水説は一貫して主張され続けており、ついには、「運送人はその拒否理由を正当化できる、つまり事故原因が運送人の管理責任外で起きたという証拠と記録を出してもらいたい」と迫ってきます。

　以上のような折衝が繰り返され、双方議論も尽きてきます。

　貨物の損失の中に、Wet、Sweat などがその貨物固有の欠陥（Inherent Vice）

に拠る、というのがあります。鉄板、鉄棒（Iron Sheet、Iron Bar）は時間がたてば自然に錆を生じます。また、バナナは青いうちにもぎとっても、黄色くなり、やがては黒ずんできます。これらは、運送人のコンテナのメンテナンス、運送上の取り扱いをいかに十分にしても、自然に発生する損傷で、B/L 約款でも免責をうたっています。

　ところが、このような固有の欠陥をもっている貨物が特定されていないので、同じ品目でも、その損傷によって固有の欠陥にもなり、運送人のコンテナ管理不十分にもなります。このあたりが、クレーム処理における折衝の重要性を表しているといえるでしょう。

　例えば、乾燥食品（野菜、果物、香辛料など）がコンテナ内で汗損（Sweat Damage）を生じ、クレイマントは原因として運送人の「貨物に対するいかなる損失をも避けるべき注意善管義務（Due Diligence）の欠如」を挙げてきました。

　これに対して運送人は、まず CY/CY 条件、すなわち "Shipper's Pack & Seal" であり、かつコンテナは荷受人に「良好な状態」で引き渡されている、と反論しました。加えて、この Sweat は、サーベイレポート（荷主側）によれば、「原因はコンテナ内の温度とそれに関係ある温度の間のある相関関係による」とあります。コンテナ状態は、関係各港（積み替え港も含めて）と

もに良好（No Remark）であるから、原因は貨物の本来持っている吸湿性という「固有の欠陥」によるか、あるいは運送人の引き受け以前、または引き渡し以後の汗損と断定せざるを得ない、と補償を拒否しました。

クレイマントは、この「固有の欠陥」に対し、「固有の欠陥」はそう軽々しく論じられる要因ではない。700カートンのうち、200カートンが現実にかなりひどい汗損となっているが、700カートンすべてが汗損したのでもない。従って「固有の欠陥とは断定し難い」と述べたものの、コンテナの状態が正常であることを考慮したのか、「問題を難しく、長引かせたくないので、20％の補償でいかが」と妥協案を出しました。

運送人は、クレイマントの「固有の欠陥」説批判に対し、すべての貨物が汗損を生じたと判断する必要はない。同じ品目であっても、それぞれの品質、取り扱われ方などによって差があるのは当然である、として補償を拒否しました。

このケースはこの運送人の拒否で、補償額ゼロで終わりました。貨物がほんとうに「固有の欠陥」でSweatしたのか、はなはだ疑問ですが、それを運んだコンテナが、積み地、積み替え地、揚げ地など関係港すべてにおいて、なんの破損のリマークもなかったので、運送人が強気に「固有の欠陥」

を主張し、それを押し通したのでした。

クレームを提出するには、貨物引き受けから3日以内（あるいは7日）という約款の規定がありますが、実務的には1週間、あるいは1カ月後でもClaim Noticeは受理されています。

しかし、9カ月、あるいは1年を超えると、法的に運送人は免責されてしまいます。

本クレームは通常引き渡しから1カ月程度でファイルされますが、これがあまりにも遅れると、例えば9カ月あるいは1年の直前ともなると、折衝の上で不利になってきます。

あるケースでは、期限の7日前にファイル、同時に「時効延長願」も添付されていました。運送人はこの提訴の大幅な遅れを追求し、貨物引き渡し時は「外見上良好な状態」だった一応の証拠（Prima Facie Evidence）があるのでWet Damageが運送人の保管義務の期間内とは到底考えられないとして拒否しました。

クレイマントは、提訴の遅滞は認めるが、とにかく期限前であり、そのことが運送人の法的免責を許すものではない、と反論しました。

運送人はこの主張に対して、「その説はもっともである。しかし、我々はこの事故の存在すら知らなかったから、当然こちらサイドのサーベイヤーを立てることができず、そのことは我々を極めて不利な立場に

追い込んでいる」と反論しました。

　このように、クレーム提起の遅れは、クレイマントに折衝上の不利をもたらしますから、本クレームとしての諸記録が不十分でも、とにかく早目にファイルし、不足分、追加分は後から送りつけるべきでしょう。

　以上述べてきましたように、補償額を決定するための折衝が、クレーム処理実務での最重要事項であり、そのためには平素から、B/L の記載事項、約款、関連法規、国際規則などを研究・把握しておく必要があります。それらを十分に駆使し、記録、書類を調査し、折衝を有利に導くのです。

　なお、貨物の損傷でなく、個数の不足（Shortage）に関しては、原則として CY/CY 条件であれば、コンテナシールに異常がなければ運送人は内容不知（Unknown）で免責となります。CFS/CY、CY/CFS のように、積み地、揚げ地のいずれかが運送人の管轄下にある場合は、個数の不足をめぐって争うことになります。これはいずれの記録を信じるかの問題で、争いは平行線を辿ります。早目に 50/50 ベースで手を打つ方が双方に有利といえるでしょう。

　　折衝、すなわち主張、反論、再反論はできる限り早めにし、時効（後述）の延長の繰り返しは避けたいものです。これはクレイマントに不利です。

036

b) 妥協提案

　クレイマントから運送人への本クレームで、その第一信、あるいは運送人の免責主張に対する最初の返信で、「補償額の何パー

海上コンテナ用乾燥剤

　海上コンテナ内の結露を防ぐための乾燥剤が各種販売されている。輸送期間中に水蒸気や結露によるカーゴダメージを防ぐため、吸湿する特別な配合がなされており、内部の天井に張り付ける結露防止シートや小袋のものまで多様。

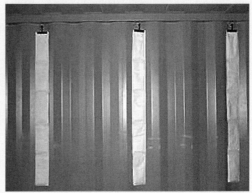

富士ゲル産業のコンテナ専用塩化カルシウム系強力乾燥剤、Cargo Power Sorb Light。サイズは H134×W120cm 550g

海上コンテナの容積は 20' で約 34m³、40' で約 68m³。温度 20℃、湿度 65% の場合の 1m³ あたりの大気中の水蒸気（水分）量は 11.2g あり、1TEU あたりの水水蒸気量は約 380g に達する。寒暖差の激しい航海の場合、コンテナ内部が結露し、Wet Damage の原因となる。

セントでいかが」という妥協案が出るケースはあまりありません。多くのケースは何回か反論、再反論を繰り返し、双方議論が出尽くして、同じ主張の連続となった頃に、具体的な補償額（請求額の何パーセント）が提案されます。

この妥協案は、拒否、あるいは低く抑えたい運送人に対し、より高く、より早く補償をとりたいクレイマントから出される場合が多いようです。この妥協案には、「実を結ばない議論を避けるため」(to avoid unfruitful argument)、「この際限なく長引いている件を終わらせるため」(to terminate this long-pending matter)、「今後も友好的な関係を保てるように」(for our amicable relationship) などといった慣用的な表現が使われていますが、ある米国人の元教授は「妙な文」と評していました。

妥協案のパーセントの規定はありません。さまざまな証拠、資料、法規、約款に拠って議論した、その総合的な状況から割り出すので、かなり"アバウト"であることは否めません。極論すれば、同様のケース、同様の条件であっても、折衝の巧拙によっては妥協額は大幅に異なってくることもあります。具体的に言えば、「法的手段を取ります」というのに驚いての満額補償から、「当方の主張に対する何らの反証もなく」(in absence of any evidence to the contrary) で拒否、ゼロで終わることもあります。

クレイマントは、実務的に弁護士である場合が多いので、条約、法律の引用、B/Lの記載事項、約款などの専門家です。これに対し、運送人は大手船社の法務保険部門のような専門家グループを除けば、「めんどうな」「よくわからない」仕事として、現場や運航部門 (Operation、Logistics) が、片手間にやっているところがほとんどでしょう。フォワーダー、中小船舶代理業者などでは、大きなクレームが起きても、取

037

P&I Club

Protection and Indemnity Club（船主責任相互保険組合）の略。外航船舶の所有者または用船者が船舶運航上発生する事故や損害などに対して船舶保険や貨物海上保険及び船員保険などでカバーされない船主、用船者の責任損害や費用損害を填補する為、船主相互保護の目的で設立された非営利の組合組織。International Group of P&I Club は世界で12のP&I Club があり、各グループクラブは独立した非営利相互保険組合。船舶の使用および運航から生じる第三者の責任に対して船主お

よび用船者会員に補償を提供する。クラブは、乗組員、乗客、その他乗員の人命の損失と人身傷害、貨物の紛失と損傷、油やその他の危険物質による汚染、難破船の撤去、衝突と物的損害を含む幅広い賠償責任をカバーする。外航船舶に対する海上賠償責任補償の提供は世界の外航船の約90％におよぶ。Japan P&I Club は1950年に制定された船主相互保険組合法に基づき日本唯一のP&Iクラブとして設立され、設立当初、加入船社は日本国内船主のみだったが、現在ではアジア諸国の船主も加入する国際的なP&Iクラブとなっている。

り扱いの方法もわからないところが多いようです。折衝により、自社に有利な補償額を決めるための専門家の育成が社内で不可能ならば、弁護士を利用する、または貨物賠償責任保険をつけるべきでしょう。

クレイマントからの妥協額の提示に対して、運送人はその額（パーセンテージ）が納得できるか否かを次のような事項で決定します。

・運送人責任の有無、推定、断定による妥当なパーセンテージ。

・他の、過去の似たケースでの妥協ライン。

・同じクレイマントとの似たケースでの過去の妥協ライン。

・請求額に水増し（損失分以外の貨物の価格）がなかったか。故意かミスか不明だが、厳しくする。

・クレイマントがあまり手強くないときは低目の回答にする。

3-13　交渉成立・妥協提案承諾

クレイマントからの妥協提案に対し、運送人は不服であれば同じ主張を繰り返すか、新しい資料があればそれを盾にさらにパーセンテージを下げた回答を出し、またはさらに拒否を続けます。

前掲の例の「コンテナ天井の穴とWet」のケースでは、クレイマントは、「運送人があくまでも免責を主張し続けるならば、事故が運送人の責任区域、期間外で起きた、とい

う証拠を提供してもらいたい」と主張し、「にもかかわらず、本件を早期妥結に至らせるため、40パーセント補償でいかがか」と提案しました。

これに対して運送人は、実務的には証拠能力の低いEIR-Out（大きい破損以外、あまりリマークがつかない）を持ち出し、コンテナ状態は正常、と主張しました。加えて、小さい穴から本件のWet Damageは起こり得ないとする論拠のためのWeather Recordの取りつけには、かなりの時間を要することを挙げ、「Endlessな論争を終わらせるため30パーセント補償に応じるしかない」と回答しました。むろん、Weather Recordによって雨天が少なく、小さな穴からのWet Damageは根拠がないことを匂わせてのクレイマントの提案を下回る承諾です。

このケースはクレイマントが運送人の提案を受け入れて、30パーセント補償で解決しました。

クレーム提出の時期が遅れ、期限の寸前になると、運送人は「引き渡し後の事故」と主張する傾向があることは前述しました。運送人は自社側のサーベイヤーを立てられなかった不利も強調し、最終的な妥協額のラインを低くするのに利用しています。

妥協案を承諾すれば、運送人はクレイマントに妥協額の請求書（Revised Debit Note）を出させ、その支払いを用意します。

3-14 時効・時効の延長または訴訟ケースへの発展

　折衝が長引いて妥協に至らないと、9カ月または1年の時効（Time Bar）がやってきます。この9カ月または1年というのは、貨物が荷受人に引き渡された日から計算されます。貨物が届かなかった場合（Non-Delivery）は、着いたとされる日からになります。

　この期限を超えると、たとえ運送人の責任で損失が生じたことであっても、時効として免責されてしまいます。従ってクレイマントは、期限切れになる前の解決が不可能と判断したら、時効の延長を運送人に届けなければなりません。

　9カ月と1年とでは、3カ月の差がありますが、これはそれぞれの運送人のB/L約款に基づいています。日本の法律では1年ですが、9カ月では期限にならない、という判示が出ない限り、約款上は時効です。それまでに延長願いを届けなければなりません。

　時効延長願（Application for Time Extension）は、3～6カ月が多いようです。8月1日に時効成立ならば、2～3週間前に3カ月の延長、すなわち10月31日までの延長を依頼します。決まった書式はありませんが、法律事務所は通常そのフォームを用意し

ており、運送人はそのフォームの下欄に "OK" の署名と日付を入れて返送するようになっています。

　運送人は特に拒否の理由がなければこのフォームに署名して返送しますが、これに次のような文言を入れるか、自社のフォームにそれを記載しています。

　それは、「延長を認めることは、我々の責任を認めるという意味ではない」といった内容で、必ず「既得権の侵害なしに」（without Prejudice）という語句がつけられます。

　延長された期間にクレイマントは折衝を続けなければなりません。この間、放置しておくと、運送人によっては補償請求の意思なしとして、再延長を拒否することもあります。

牧草にカビ

　コンテナに穴が空いていたため、雨水が侵入しカビが発生した牧草（Hay）。カビはカビ毒を含む事が多く、有害物質が含まれている飼料は家畜の健康に悪影響を及ぼすほか、有害物質が畜産物に移行してこれを摂取した人の健康を害する可能性もある。カビの発生は、必ずしもカビ毒に汚染されているとは限らないが牧草のカビ発生は商品価値を失う。

延長された期間に折衝を続け、妥協に至らなければ再延長申請となります。クレイマントはどのケースがいつ時効か、いつ延長期限かを一覧表にして常時チェックすべきです。時効延長申請を忘れたり、勘違いで時効になったと思われるケースもけっこう多いものです。

あるクレイマントは、折衝を続けてきて、時効延長をし、その期間に解決せず再延長しました。その延長期間が３カ月なのに、６カ月と思い込み、３カ月以上を経て再延長願いを出しましたが、当然時効成立で拒否されてしまいました。

次のケースは海事専門の法律事務所のベテラン弁護士が取り扱ったケースです。冷凍コンテナの破損により、中身の食品が船上で別のコンテナに詰めかえられました。その食品は設定温度—18℃〜—20℃を保ち、良好な状態だったという運送人側のサーベイレポートに対し、破損したコンテナに暖かい空気が入ったため、損失が生じたのでコンテナの管理責任は運送人にある、という荷主側のサーベイレポートとが対立しました。

積み地（欧州）での記録は、コンテナに異常なし、CY/CY 条件、しかしオリジナルの冷凍コンテナは、サーベイレポートの写真で見る限りかなりひどい破損となっています。

運送人はこのような状態を考慮し、コンテナ破損と関係なく、引き受け前、あるいは引き渡し後の事故を想定、ただしコンテナの破損や詰め換えなども考慮して、第一返信で珍しく妥協案 40 パーセントを提案しました。

その後、クレイマントは反応なく、１年の期限から何回かの時効延長を依頼し、そのまま時が流れました。そして、結果的には最後となった延長要請に、運送人は「何の反論もなく、このまま延長を続けるのは請求の意志なしと考える。次の３カ月に反論なき場合は、さらなる延長は認められない」と付記した延長承諾を送り返しました。

それから３カ月の間に、なぜか反応はなく、時効成立となりました。運送人の第一返信にある妥協案をそのまま承諾していれば、約 100 万円の補償は獲得できたのです。むろん、延長継続、時効寸前でも同じです。

運送人には結局ゼロの支払いで、もっとも有利な結果に終わりましたが、なぜそうなったかは知る由もありません。忘れたか、勘違いしたか、担当者交代、書類紛失などによるのか、と推測するのみでした。

リスクマネジメント、クレームの取り扱いなどに疎いのは、日本の一般的ビジネス習慣ともいえます。時効という知識がまったくないと思われる荷主から、貨物引き渡し後３年（３カ月ではない）を経て、Claim Notice を受け、年月日の間違いではないか、と何度も調べ直したこともあります。

なお、わが国では国際海上物品運送法の改正により、引き渡しから１年で時効とし、この期間は貨物に関する損害が発生した後に

限り、合意により延長可能としています。また、運送人がさらに第三者に運送を託した場合の貨物に関する第三者の責任は、運送人が時効までの損害を賠償し、または裁判上の請求をされた場合には、1年を過ぎても、あるいは合意で延長されたなら、その延長期間が満了した後でも、運送人が損害賠償した日、あるいは裁判上の請求をされた日から3カ月の間は消滅しない、と規定しています（第14条）。

なお、もし時効の延長の要求に対して応じない場合は、訴訟にすぐ発展することが考えられます。訴訟になると双方に弁護士費用の発生などの余分な費用が生じます。その点も考慮して、時効の延長は要求がある限り受けておく方が賢明であると考えます。

3-15　解決と賠償保険の処理

クレーム処理の終了という意味では、Claim Notice に対して拒否状が出された時点、あるいは本クレームになっても拒否状が出された場合、さらに妥協額まで出ながら時効で切れる時点、などもすべてが入りますが、本項でいう解決は、折衝の結果、妥協額がクレイマントに支払われる時点での終了という意味です。

a) Revised Debit Note

妥協額が決定すると、あるいは、クレイマントが承諾すれば運送人はクレイマントに Revised Debit Note を送るよう依頼します。これは文字通り改正された請求書であり、本クレームで請求された満額のものに変えて、妥協額の支払いに使用するためです。

運送人は折衝が終わりと判断すると、最終的な条件を提示し、「もし承諾されるなら、このパーセントでの妥協額（本クレームでの請求額×○○％＝￥○○万円）のRevised D/N をお送り頂きたい。支払いは入手次第ただちに行われる」と通知します。

クレイマントはこれを受けて、請求書を作りなおし、運送人に届けます。

運送人はこれを支払い、本件は終了となります。

b) Receipt & Release

クレイマントは、支払いを受けると、補償金の受領証と同時に、「この件に関して一切終了、今後いかなる請求もしない」といった一筆を運送人に入れます。通常、同一フォームに決まり文句で記されています。

これが運送人に受領されることにより、賠償クレームが解決します。

c) 賠償保険の処理

運送人が賠償保険を手当てしている場合は、クレームの賠償金支払いの際に取り交わした書類と保険金請求書を賠償保険会社に提出して、保険金を受領します。これによって

041

事故発生から解決までのすべての過程が完了となります。

3-16　資料の保存

ひとつのケースが完了したら、それに関する書類、記録はすべて次のケースへのテキストとしてファイルし、保存することをお勧めします。必ず似たケースのクレームが起こり、その処理、折衝に役立つ貴重な資料となるはずです。できれば、Claim Notice ファイルの時点から、時系列にファイルし、何月何日、クレイマントの反論、それに対する当方の反論、という具合にリストも作っておきます。見出しをつけておくと利用しやすいでしょう。

このようなファイルが何冊かたまると、それを読み返すことによって、実戦的なクレームの処理法が身についていくと思われます。ファイルの表紙には、ケース別に「コンテナ

3D-TILT SENSOR

3D-TILT SENSOR（３次元転倒感知センサー）は１個で輸送中の貨物の前後/左右の全方向の転倒を感知する事が出来る３次元転倒感知センサー。前後、左右の転倒を別々にしか感知できない従来型の転倒感知センサーに対し、１貨物への必要取り付け個数を半分に低減出来る為、取り付け作業時間も削減できる。反応角度は80度（前後左右方向）外形65mm x 89 x 16.5mm、重量24g。

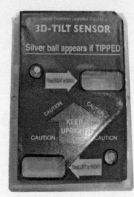

天井の穴と食品濡損」、「積み荷火災による離路」、「冷凍コンテナ故障と高級肉腐敗」といったタイトルをつけ、本船到着年月日、クレイマント名、損害請求額と結果（拒否、時効、何パーセント解決）も、付けておくと便利です。

前述の妥協額の決定の各論的な資料にもな

ショックタイマー（Shock Timer）
（日本ビジネスロジスティクス）

ショックタイマーは、輸送中の事故原因の究明、責任の所在確定に必要な「いつ事故が起こったか」を記録する「衝撃センサー付き時計」。一定以上の衝撃を受けると内蔵タイマーが停止し、事故の有無を記録する（タイマーをリセットすることはできない）。従来の衝撃検知・転倒検知センサーでは「いつ」の情報を記録できなかったため、事故の有無しか判別できず、報告が遅れ、事故原因の究明、責任の所在確定が難しく、輸送品質の改善を阻害していたが、本器により事故の時間特定が可能となった。事故原因はさまざまで、輸送梱包が不十分だったり、取扱者の不注意が事故を引き起こす場合が

あり、とくに精密機器の搬送においては外装梱包が強固なため、内容物のダメージが外観から判別できない場合もあったが、「ショックタイマー」により事故の瞬間が特定可能と

なる。対象貨物は精密電子機器、医療用機器、半導体関連機器、美術品などの貴重品、大型機械。価格は2,500円程度。記録時間は2999時間（124日）。耐久温度は－15〜70℃、アルカリ電池（LR43）を使用し、検知レベルは25Gと50Gの２種。

り、またクレーム処理における最重要な折衝、あるいはクレーム処理の概念といった総論的な勉強にもなるからです。

さらに、多くの件数を扱ったならば、それぞれのケースの一覧表を作成し、ジャンル別、例えば、冷凍、ドライあるいは成功、不成功、補償額別といった自社が利用しやすいジャンルに分けておけば、それはひとつの立派な「クレームの実務処理」のテキストとなるはずです。裁判でも判例は重きをなしています。実戦の記録の保存は、必ず次のケースに役立つ生きたテキストと言えるでしょう。

さらに、クレームの案件のリストから損害防止・再発防止につなげる方法を見つけることも可能となります。安全に貨物を届けるための不断の努力が、運送人としての信頼を高めることになります。

IV 共同海損クレーム処理の手順

4-1　共同海損とは

　国際物流にかかわっている荷主や運送人の担当者としていままでに一度は共同海損（General Average：GA）という言葉は聞かれたことがあると思いますが、具体的にその内容を理解している方や実際に発生した場合の対応について知っている方は少ないでしょう。それは、共同海損の発生頻度が少なく、その海損事故を経験することが少ないためです。実際に10年以上も貿易に携わっている荷主の担当者ですら一度も共同海損の事故に遭遇していない方がいます。

　一方で、コンテナ船が大型化する流れの中で、ひとたび大型コンテナ船が座礁や衝突などの海難事故に遭遇した場合、共同海損の関係者は数千社から1万社以上になることもあり得ます。そのため、共同海損のクレームの流れに熟知しておくことは、国際物流および海上運送にかかわっている者として必須となってきています。ここでは、簡単にそのクレーム処理手続きを説明して、荷主や荷主と運送人両方の立場になるNVOCCなどの運送人の一助となれば良いと考えています。

　では共同海損とは、どのような海損事故なのでしょうか？　それは船舶が海難事故に遭遇し、そのままでは船舶も貨物も全損になる沈没などの緊急の事態にさらされた場合、共同の安全のために救助や故意の座礁や投荷などをする行為によって発生した費用や損害で、主に船主が共同海損を宣言し、共同の安全のためにかかった費用や損害を救われた船価、貨物の価格に応じて応分に負担する制度です。

　船舶の衝突や座礁などの海難事故が発生すると、その対応には専門の知識が必要になります。事故の担当としては、海難救助や共同海損のクレーム処理についての知識が求められます。そこで、まずは共同海損の成立要件や共同海損と認められる主な費用や必要書類を説明したうえで、共同海損クレームの対応について荷主および運送人の立場でどうすればよいかを解説します。

4-2　共同海損の成立要件と認められる費用項目

　共同海損の処理にあたってまず知らなければいけないのは、各国の法制度下での共同海損法規定にはいろいろな差異があったため、精算時の混乱を避けるためにヨーク・アントワープ規則という統一的国際規則が制定されていることです。ヨーク・アントワープ規則は1877年に成立した後6回にわたり改定作業が行われて、2016年に改定されたものが最新です。現在広く使用されているのは1994年ヨーク・アントワープ規則で、ほとんどのB/Lに規定として採用されていますが、今後は2016年ヨーク・アントワープ規則への変更が進められる可能性が高いです。この規則は2004年にも改定されましたが、

内容に少し問題があったためかほとんど採用されず、1994年ヨーク・アントワープ規則が継続して利用されていました。

この1994年ヨーク・アントワープ規則において共同海損の成立要件や共同海損として認められる費用項目を規定しています。

では、共同海損の成立要件となる主なものは次の通りです。

①船舶および貨物に共同の危険が現実に生じていること
②共同の安全を守るための行為であること
③故意にしてかつ、合理的な行為であること
④犠牲あるいは費用は異常なものであること。

そして、共同海損として認められる費用または損害には以下のようなものがあります。

①荷投げによる貨物の損害
②船火災の消火のために生じた船体あるいは貨物の損害
③任意座礁または任意座州
④座礁船舶の浮揚力作業の結果生じた船体の損害
⑤強行荷役による貨物の瀬取り・荷卸し・保管・再積込費用
⑥避難港へ入港するための費用
⑦船員の給食料などの船費
⑧代替費用（代船輸送費用、仮修繕費など）
⑨救助業者へ支払う救助報酬・曳航費用

このように共同海損が成立するかどうか、

また、共同海損の費用や犠牲損害として認められるかの判断をするために共同海損精算人が指名され、中立の立場で精算書を作成していきます。その共同海損精算人の認定作業をスムーズにするために共同海損サーベイヤー（GA Surveyor）を手配することもあります。そのGA Surveyorは、共同海損に関する行為の妥当性、共同海損犠牲損害の損害額や共同海損費用の額の査定や船舶・貨物の単独海損の内容の検証など多岐にわたり活動します。共同海損の損害・費用であるかの最終的な判断は、すべて共同海損精算人が行います。そして、共同海損の関係者に課せられる分担金について公正に精算を行い、共同海損精算書を作成し、各関係者に発行します。

4-3　共同海損のクレーム対応の手順

座礁、他船との衝突、本船火災などの海難事故が発生した場合、まず本船の運航会社である船会社に連絡が入ります。その事故の状況から船会社（実運送人：Actual Carrier）は共同海損の宣言を行います。同時に共同海損精算人を選出し、場合によっては、GA Surveyorも依頼します。本船の救助が必要とされる場合は、救助業者の選定から救助契約の締結も船会社が行います。

その共同海損の宣言（通知）には、共同海損事故の詳細と当該海難事故を共同海損として取り扱う旨と共同海損精算人を選任したことを明示し、あわせて貨物の引き渡しま

でに提出する書類が案内されます。その必要書類とは、a) 共同海損盟約書（General Average Bond）、b) Commercial Invoice（FOB 条件の場合、運賃請求書、保険料請求書のように CIF 価格が計算できる書類）、c) 貨物海上保険会社発行の共同海損分担保証状（Letter of Guarantee）（ただし、無保険貨物の場合は、銀行保証状か供託金の提供を求められる）になります。

荷主は、その通知を受領したら、ただちに貨物海上保険会社またはその代理店に連絡をして、運送人から送られてきた共同海損の宣言（通知）など入手書類と船積み書類一式（B/L, Invoice, Packing List etc.）を保険会社に送付し、共同海損分担保証状（Letter of Guarantee）を発行してもらいます。

そして、共同海損の宣言（通知）に従い、必要書類を運送人か共同海損精算人に提出し、貨物の引き渡しを受けます。荷主は、貨物の引き渡しを受けるとただちに貨物の損害の有無を確認し、貨物海上保険会社にその結果を通知する必要があります。なぜならば、貨物に損害があった場合、単独海損のためのダメージサーベイの手配をしなければならないからです。その理由は、4-4 のところで触れたいと思います。

荷主にとって貨物を受け取り、損害がないことを確認した後は、共同海損について何もすることはありませんが、貨物海上保険会社は後日（通常１年から３年ぐらい、複雑な

ケースなら５年ぐらい後）共同海損精算人が発行する精算書を受領し、その内容についてヨーク・アントワープ規則通りに精算されているか、犠牲損害額が容認されているか、単独海損分の損失が反映した精算になっているかなどを検討します。そして、問題がなければ、指定の口座に保険金として支払います。もし、問題があれば指摘して、その分について控除した支払いを行います。さらに、衝突の相手船への求償の可能性についても検討します。

これらが共同海損の一連の流れですが、共同海損の処理においては、海難事故から貨物の引き渡しまで相当の時間を要することがたびたびあります。荷主にとってもっとも関心があるのは、いつごろ貨物は引き渡されるかの点でしょう。もし貨物の納期や製造ラインへの影響などから代替品の手当てが必要となったとしても、それによって生じた追加費用は共同海損の対象費用ではなく、貨物海上保険の補償対象でもありません。時間の制約のため、航空便の手配が必要になれば、荷主の負担はさらに大きくなります。

それゆえ、運送人として共同海損クレームの処理にあたっては、まず海難事故の発生から、できる限り正確な情報を開示し、その後の進捗状況についても適時に荷主に伝えて、運送人としての責任を果たすことが重要となります。そして、共同海損に対して理解を得たうえで、その手続きをスムーズに行うよう

に勧めるのが肝要です。

4-4　共同海損犠牲損害と単独海損

　共同海損の損害のうち、共同海損犠牲損害として認められる場合と単独海損となる場合では、その損害の取り扱いに大きな相違があります。

　犠牲損害として認められるためには、共同海損の成立要件である、共同の安全を守るために故意にしてかつ合理的な行為を行う過程で生じた犠牲あるいは費用で異常なものであることが必要となります。具体的には、荷投げによる貨物の損害、船火災の消火のために生じた船体あるいは貨物の損害、任意座礁または任意座州によって生じた船体あるいは貨物の損害、座礁船舶の浮揚力作業の結果生じた船体の損害、強行荷役による貨物の瀬取り・荷卸しの際に生じた船体あるいは貨物の損害などのケースとなります。この犠牲損害に該当するかどうかについて GA Surveyor は、損害の内容および金額を検証し、レポートとしてまとめます。その内容を共同海損精算人が精査し、精算書の中で最終的な判断を明示し、共同海損犠牲損害の認定を行います。その認定された損害額については、共同海損の処理の中で回収され、その所有者または保険金を支払った保険会社に支払われます。

　一方、船舶・貨物の単独海損の場合は、共同海損の処理の中では支払いの対象とはならず、それぞれの保険内容に基づいて保険会社から補償されることになります。ただし、その損害額は、共同海損の分担金を計算する際の基礎数字に含まれないため、共同海損精算人への通知と精算人にとってはその損害額の検証が必要となります。

　そのため、荷主は貨物の受け取り後、すぐに貨物の損害の有無の確認が必要となります。

国際海上物品運送法

　国際海上物品運送法（昭和32年6月13日法律第172号）は、国際海上物品運送（船舶による物品運送で船積港又は陸揚港が本邦外にあるもの）における運送人およびその使用人の不法行為に基づく損害賠償責任について定める日本の法律。（第1条）。日本が「船荷証券に関するある規則の統一のための国際条約」（昭和32年条約第21号）を批准したことに伴い、「国際海上物品運送法」を制定して国際海上物品運送についての国内法として法整備した。同条約の改正議定書（平成5年条約第3号）の批准に合わせて日本の国際海上物品運送法も改正されている。

V クレームの事例

5-1 損害の種類と発生の原因

　前章まででクレーム処理方法の流れについて理解いただけたと思いますが、実際に発生する損害の種類やその発生原因についての知識を得ていないとクレーム対応の駆け引きをする際に不利になることがあります。そのため、ここでは、まず損害の種類・原因について説明しながら、注意すべきポイントなどに触れたいと思います。できれば、ここでの説明が荷主にも運送人にも役に立つ内容になればと期待しています。

　貨物の損害の種類・原因は多々ありますが、実際の事故で多発している主な種類は、a) 破損、b) 水濡れ、c) 盗難・抜荷・不着の 3 つに分類されます。それに加えて、汚れ・汚染、破袋、錆損などと海上輸送特有の事故があります。まずは、その 3 つの損害の種類

について防止策も含めて説明します。

a) 破損（Breakage）

　海上運送では、さまざまな強い衝撃を受ける場面があります。船体は前後・左右・上下に大きく傾いたり、振れたりすることが度々あります。その傾き、揺れをピッチング（pitching）・ローリング（rolling）・ヨーイング（yawing）と言います。船体は、荒天遭遇によっていろいろな方向から力が加わり、その船倉に固縛されている機械・鋼材などの貨物に破損が生じることがあります。

　同様にコンテナ自身にも相当の衝撃が加えられ、コンテナ内に積み付けられた貨物が荷崩れを起こすこともあります。しかしながら、船倉の貨物と違い、コンテナの場合は仕向け地に到着して、コンテナのドア

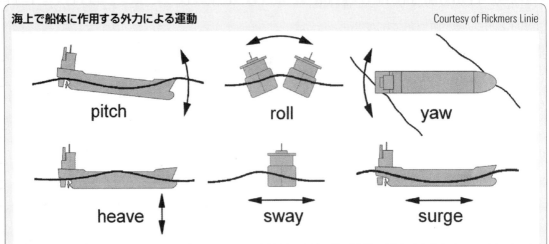

海上で船体に作用する外力による運動　Courtesy of Rickmers Linie

pitch　roll　yaw

heave　sway　surge

海上の強風や強いうねりによって、30度ものローリング（左舷／右舷の傾き運動）が発生する場合がある。またピッチング（船首／船尾の傾き運動）は主に船首を沈ませ、"スラミング"と呼ばれる増幅効果を起こすこともある。

を開けるまで貨物に破損が生じていることが分かりません。CY/CY条件では、コンテナへの貨物の積み付けは、荷主の責任であり、運送人に対する責任追及は難しいです。荷主は、海上運送で想定される荒天に耐える積み付けを要求されます。そして、そのコンテナ内の積み付けでは、ワイヤーやダンネージの角材などによる荷崩れ防止策等を講じることが重要となります。

個別の梱包においては、輸出に耐えるべき標準輸出梱包（Standard Export Packing）により国内運送に比べて強度のある梱包材が使われます。外装上に損傷が発生していない場合でも、海上運送での強い衝撃によって内部の貨物に損害が生じていることも少なくありません。

そのほかに、CFS倉庫でのハンドリング中にフォークリフトから落とすことや在来船への積み込み作業中に破損事故を起こすことがあります。また、本船事故に伴った貨物の損傷もあります。これらは運送人の責任であり、その管理体制を充実させるためにも責任を追及することは重要です。

b) 水濡れ（Wet Damage）

水濡れの種類には、海水、雨、淡水に分けられます。海水であれば、硝酸銀水溶液に反応するので、サーベイをすればすぐわかります。

コンテナの天井や側面、ドア部分に小さ

な穴や補修した箇所から水が浸入して貨物に濡れ損を発生させることがあります。通常、コンテナのメンテナンスは運送人の責任であり、CYのInとOutの時に天井や側面の状況をチェックします。その記録がEIRです。コンテナの積み下ろしに使うスプレッダーの先が天井に触れることによって天井に傷をつけて亀裂を作ったり、腐食によって穴ができたりして、水の浸入経路ができます。それらによる貨物の損害を防ぐためには、積み付け前の空の状態で人が中に入り、ドアを閉めて光が漏れていないかチェックすることです。そのときには、側面や床付近も確認するべきです。

ほかに、コンテナがコンテナヤードに置かれている間に冠水することがあります。台風や洪水によってヤードが冠水し、コンテナが水につかった状態が長い時間生じた場合、コンテナの床やドレイン穴やドア部分からコンテナ内に水が浸入してきます。その際、コンテナ内部の側面に同じ高さの

海上に流失したコンテナ

049

水の跡が残ることが多いのです。

　在来船では、船倉にハッチから水が浸入することもあります。これはハッチコーミングが経過年数とともに劣化して硬化してしまい、防水性を失ってしまうからです。古い船のハッチからの海水の浸入はよくあります。このハッチの管理は、運送人の責任であり、賠償責任からは逃れません。

　さらに、在来船では、スケジュールの関係で雨中荷役をして、貨物に損害を生じさせることがあります。これは明らかに運送人の責任ですが、この事実を荷主が知ることは少ないと思います。

　それ以外にも、貨物自身が持っている水

損害の種類について

損害の種類	発生の原因	注意すべきポイント
破損・曲損・凹損 (Breakage, Dent, Bent)	積み付け不良、梱包不良、荷崩れ、取り扱いミス、衝突、脱線、転覆などの事故、他の貨物等との接触	破損等の損傷が運送中に発生し得るか、梱包前に発生していないか、などの確認
海水濡れ (Sea Water Damage)	荒天遭遇のための海水侵入、コンテナ破損による海水侵入、ハッチコーミングの劣化による海水侵入、共同海損の消火のための海水による損傷	海水による損害は、基本的に海上運送中に発生したと推測されるが、その海水の浸入経路をつかむこと
雨・淡水濡れ (Rain Fresh Water Damage)	コンテナの穴からの浸水、雨中荷役、コンテナの床からの浸水（CY等での冠水事故）	淡水の場合、汗濡れと区別して判断する。水の浸入と汗による複合的な発生・拡大することがある。
錆損（Rust）	海水濡れ、淡水濡れ、汗濡れ（コンテナスウェットとカーゴスウェット）	海水かどうかのチェックが重要。原因が外からの浸水でない場合、貨物の性質からでた錆もある。
汗濡れ (Sweat Damage)	貨物の水分による汗濡れ、梱包材やパレットの水分の影響、換気不良、積み付け不良、コンテナの小さな穴等から侵入した水分の影響	損害の原因が貨物や梱包材等にあることが多いので、それらの濡れた状態やパレットの釘の錆具合の確認が重要となる。
汚損 (Stain Damage)	貨物の破損による汚損、積み合わせ貨物との接触、コンテナ内の汚れによる汚損、とくに床からの油等による汚損	汚損の原因となったものの特定。それが、運送中に貨物を汚す原因となり得るかの確認
汚染 (Contamination)	異物混入、前荷との汚染、積み合わせ貨物の影響による汚染	汚染原因の物質は何で、それが運送中に存在するかの確認
不着 (Non-Delivery)	盗難、行き先違いのコンテナへの積み付け、積み残し	受け渡し書類上の個数の確認
盗難・抜き荷 (Theft, Pilferage)	物流関連者の関与、組織的な犯罪	運送期間中かその前後の保管状況の確認
破袋（Covertorn）	袋詰め貨物が破れて、汚損や不足が発生する	破袋原因がフォークリフトの爪等によるか貨物自身の自重によるかの確認
海上輸送特有の事故：沈没、座礁、共同海損 （SSBC, GA）	船舶の運航によって発生する海難事故	原因がどのような過失で発生したかの確認。航海過失か、不可抗力か

分や空気中の水分で結露してしまい、水濡れと同じような状態が生じることがあります。汗濡れ損害と呼びますが、ひどいときは、外から水が入ったのではないかと思うこともあります。汗濡れはコンテナ全体に天井から滴るように発生することが多いです。この汗濡れを水濡れとは区別しているのは、水が外から浸入してくるか、すでにコンテナ内にある水分によって生じるかの違いがあるからです。また、外からの水が浸入した後、コンテナ内で何度も汗濡れを起こすことがあります。これは複合的ですが、外からの浸入が先であると推測して、水濡れによる損害と判断します。

c) 盗難・抜荷・不着（TPND）

　一口に盗難と言ってもその形態は様々です。倉庫からの強盗やコンテナをトレーラーごと強奪していくトラックジャックから、カートンの中から一部貨物を盗る抜荷までいろいろあります。

　欧米では最近、輸送用具ごとの盗難や武装強盗によるコンテナのトラックジャックが多発しています。その大部分は運転手の共謀による可能性が高く、再発防止のためには、輸送業者の選定を厳しくして、下請

コンテナシール

　ＴｙｄｅｎＢｒｏｏｋｓ社（日本総代理店：ＥＦ International・横浜市）のコンテナシールは米国税関国境警備局（CBP：Customs and Border Protection）が定めるコンテナのセキュリティシール基準（ISO17712:2013(E)：2013年5月15日施行）に準拠している。ISO17712:2013(E)は米国のテロ対応（C-TPAT:テロ行為防止のための税関・産業界パートナーシップ）で、封印されたコンテナが不法に開けられたり、シールを差し替えられたりすることが無いよう、シールの構造に加え、引張り（Tensile）、剪断（Shear）、曲げ（Bending）、衝撃（Impact）に一定以上の強さが求められる。

　TydenBrooks社のハイセキュリティシールは全てISO17712:2013(E)の要求を満たしており、中でも「Super Bolt Seal」（写真）はメカニカルテストで、引張りなどあらゆる外力に対して通常のHigh Security Sealの2倍以上の強度があり、開封には専用のカッターが必要なため、第3者がコンテナを開けることができない。シールを合法的に開封できるのは荷主と、税関の強制検査時のみ。シールにはボルト型のほか、ケーブル型、パッドロック型などがあり、素材もプラスチックス、ケーブルワイヤー、混

合型など多種ある。　Courtesy Photo, Tyden Brooks

けや孫請け業者を使用させないことです。さらに、輸送ルートや運送時間、受け渡しルールをしっかり管理し、GPS（全地球測位システム）の装着やコンボイを組んで輸送する体制を整えることが大切です。

　CY/CY 条件では、コンテナシールに異常なければ、基本的には運送人には責任がありません。それは、荷主がみずからコンテナに貨物を積み付け、到着後コンテナから取り出すからです。もしコンテナシールに異常なければ、途中でコンテナが開封されていないことになり、貨物の盗難・抜荷はありえないと判断されるからです。しかし、近年コンテナシールを破ることなく巧みな方法でドアを開け、中の貨物を盗む手口が増加しています。これは、ドアの取っ手を固定しているナットを細工したり、ボルト式シールのボルト部分に細工したり、ドアのヒンジを切断して再溶接するなどの方法です。もしシールに異常がなく、コンテナを開封したときに盗難を発見したら、そのコンテナを返さずにサーベイを実施すべきです。防止策としては、トラックジャック同様の方法に加えて、コンテナシールをプラスチックカバー付きボルトシールにするか、ロッドバーを使用するなどがあります。

　パレット積みのカートンをいくつか抜き取る盗難とカートンの中から一部の貨物を抜く抜荷があります。これは、主に CFS/

CFS 条件での海上運送中に発生し、運送人の管理下で発生するケースが多いようです。その事故を防止するためには、梱包の工夫、つまり、社名入りのカートンは使わず、貨物明細も一切表示しないことや、カートンのテープを一般のテープを使わず特殊なものにするとか、カートンごとでシュリンクパックにしたりすることです。

5-2　損害原因による事故事例

　上記の損害種類・原因よって発生した事故の事例をもとに、その責任の所在や、貨物海上保険での判断や賠償クレームでの取り扱いなどのポイントについて説明します。

事故の事例
CFS 倉庫内でのハンドリングミスによる（二重請求ケース）

　CFS/CFS 条件で輸入された機械が CFS 倉庫のハンドリング中に横転事故を起こした。荷主は、運送人へのクレームと保険会社へのクレームを並行して行った。まず、運送人から賠償金を受け取ったのち、貨物海上保険会社からも保険金を受け取った。保険会社が運送人に Letter of Subrogation をつけて本クレームしたところ、運送人から本件はすでに賠償済みである旨の返答を受領した。荷主の二重請求が判明したため、保険請求の取り下げと、保険金の返金がなされた。

ハッチからの浸水による海水濡れ

　中国から鋼材を輸入したところ、ハッチから大量の海水が浸水し、多くの鋼材に海水濡れ損害を起こした。輸入の売買契約は、CFRで行われたため本船の手配は中国の荷出人側で手配された。その船は30年以上の老齢船であり、本船のハッチコーミングは硬化だけでなく、切れた部分も多数確認された。この状態で外洋を航海すれば、少し時化ただけでも海水が浸水することは容易に想像できた。鋼材は海水に弱く、航海日数が少ない航路でもできるだけ古くない船を使用すべきである。本件は、運送人の責任は明白なので、保険金支払い処理後、運送人に対して求償するため中国で訴訟を展開したが、なかなか進展しないまま時間ばかり過ぎていくケースとなった。

コンテナヤードでの冠水による損害

　中国から輸入した電子機器を積んだコンテ

ターミナルでのフォークリフト転倒事故

ナのドアを日本で開けたところ、コンテナ内の側面に大量の水が入った跡が確認でき、貨物は相当ひどく濡れていた。貨物が電子機器であるため、濡れた可能性のあるものはすべて破棄され、保険金の対象となった。同時期に届いた他の荷主のコンテナにも同様の水濡れ事故が報告された。積み地での調査の結果、中国のコンテナヤードで冠水が発生して、数日間水が引かなかったことが判明した。コンテナヤードでの管理責任は運送人にあるが、CY/CY条件の運送であるため、まずは無責であるとの主張を展開した。さらに交渉を有利にするため、浸水した量から損害額の認定にも承服できない旨を伝え、最終的に少額な金額で決着した。

税関が関与した錆損

　中国に輸出した機械が税関の検査の時にバリアー梱包が破かれたために、機械の重要な部分に錆損が生じた。保険クレームは、防錆対策がなされていた機械が通関時の検査によって、防錆できない状態になったことが原因であるため対応するが、運送人の責任はないため、その賠償請求は起きないケースとなる。

コンテナ床の油による損害

　バングラデシュから輸入したジュートのロールに油が付着した。

053

その油は、コンテナの床に染みこんだ油が運送中にカートンへ吸いあがり、ジュートまで損傷させた。これはコンテナの床のクリーニングが不十分であったために発生した事故である。荷出人が十分に注意すれば防げた事故の可能性もある。床材に染みこんだ油は暗いコンテナ内で確認することは難しいが、注意すべきである。油の存在が明らかな状態で貨物が積まれたならシッパークレームとみなされて、保険クレームでは対応できないケースになる。そういう意味では、運送人に対する賠償請求も難しい点がある。

コンテナのペイント臭による損害

CY/CY 条件で豪州からの菓子の原料を輸入して、工場に直送した。貨物の積み下ろしの際に原料から異臭がすることが判明したので、サーベイを実施した。原因は、コンテナが新品で、壁に塗られたペイントの臭いが貨物に付着したものと判断された。ペイント臭の付着が発生したのは運送中であり、保険処理とされた。運送人は、臭いの原因はペイントではないという主張を試みたが、ある研究所での分析によりペイントと同じ成分が付着していたとの報告書が出され責任を完全に否定することは難しくなり、少額の金額で和解した。新しいコンテナだけに残念なクレームであった。

上の船倉から降ってきた貨物によるコンタミネーション

銅鉱石にアッパーデッキに積まれたチリ硝石が大量に降って、コンタミネーションを生じさせた。銅鉱石は、硝石を取り除くために大量の水洗いの工程を経て、炉に入れられた。その作業量、運送料等が保険金として支払われ、運送人に賠償請求された。この場合、運送人の責任は明白であり、ポイントはその請求内容に余分な費用が含まれていないか調べることである。

輸送用具・コンテナごとの盗難・トラックジャック

日本から欧州に向けて輸出した家電製品が積まれた CY/CY 条件のコンテナが武装集団に襲われ、トラックジャックされた。その翌日、コンテナは運転手とともに発見された。運転手も一味である疑いはあったが、特定できなかった。保険は補償され、運送人への賠償クレームは、不可抗力な点と管理責任の両面から判断して決着した。

コンテナ積みの貨物による火災

米国から中国に向けて輸出するために輸送されていたコンテナから火災が発生した。コンテナに入っていた貨物は中古のリチウムイオン電池であったが、運送人への申告では「合成樹脂」となっていた。リチウムイオン電池の運送はその製品のスペックや条件で異なっ

054

インド洋上で火災事故のフィーダー船。

た取り扱いになる。それはリチウム含有量や
ワット時間などだが、基本的に危険物である
との認識でいるべきです。このコンテナ火災
の発生は船積み前であり、幸い大事故には至
らなかったが、原因は荷主の虚偽申告であり、
運送人の責任はなく、逆に荷主への賠償請求
事案になる。

なお、リチウムイオン電池は電気自動車に
も使用されているので、電気自動車の運送に
は本船火災事故になるので十分な防止策を講
じる必要がある。

コンテナシールに異常なく盗難されたケース

欧州から日本へ香水とアクセサリーが
CY/CY 条件で輸入された。コンテナのシー
ルは異常なかったが、ドアを開封したところ
貨物がなく、古いレンガが積まれていた。中
にあったレンガや古新聞から貨物は積み地で
盗難されたと推定された。保険は、Ex-work
から開始していたので処理された。サーベイ
レポートでは、事故の発生した場所は特定で
きず、トラックのタコメーターの記録から積

み地でのおかしな離路もなかった。ただし、
シールは見たところ問題ないが、よく見ると
番号に細工されているため、当初のシールと
替えられた可能性が出てきた。本件は、保険
会社と運送人が互いに歩み寄って、早期に決
着した。

貨物が合数であるのに不足が生じたケース

米国からCFS/CFS条件で輸入した貨物で、
受け取り時には貨物の数は合っていたが、よ
く数えたら相当数不着であることが判明し
た。カートンとパレットの荷姿が混在してい
たため発生したもので、パレット上の数が足
らなかった。受け取り時は、カートンの数を
必ず数えるべきであるという基本を教えてく
れるケースとなった。受け渡し書類をいろい
ろ取り寄せたところ、途中でパレットがブ
レークしたことが判明したため、保険処理は
されたが、運送人に対する本クレームは拒否
された。

冷凍コンテナの設定ミスで凍ってしまったワイン・シャンパン

フランスから日本に向けて輸入されたワイ
ン・シャンパンが日本に到着して、コンテナ
から下ろす時にコンテナの温度設定がマイ
ナス温度で設定されていることが判明した。
保険会社と運送人の Joint Survey を実施し、
ワイン・シャンパンの変質を確認した。保険
金処理後、運送人に賠償請求された。運送人

055

の責任は明白で、指示はプラス温度であったが、間違ってマイナス温度に設定してしまった。運送人も相当の金額を支払い、責任ある業者に内部求償をおこなった。

冷凍コンテナの解凍事故

輸入した冷凍甘エビが相当ひどく冷凍焼けを起こしていることが判明した。そのため、荷主・保険会社と運送人は Joint Survey を実施し、損害原因と損害額を認定するレポートを出した。運送人から提出された Partlow Chart は微妙な温度の上昇を航海中に何度か示している。荷主・保険会社のサーベイヤーは、この温度上昇が頻繁に起こっていることから冷凍ユニットの調子は相当悪かったと推測し、冷凍焼けの原因であると主張した。運送人のサーベイヤーはそれほど大きな問題となる温度上昇ではなく、冷凍焼けは貨物の冷凍処理の問題が主であると指摘した。損害額の認定においても相当の開きが生じてしまったため、保険金支払い後の本クレームにおいて時間を要する案件となった。最終的には、損害の発生は認めるが運送人側の主張をより認める方向で決着した。

冷凍コンテナの爆発

ベトナム発の冷凍コンテナが爆発する事故がいくつか発生した。その原因は冷却コンプレッサー内でアルミニウムが反応して爆発したようである。これは、あるコンテナ保守業者のメンテナンス作業の不備が原因であり、爆発する可能性のあるコンテナを点検して、再発防止を実施した。これは明らかに運送人の責任であり、早急に対応されるべき案件である。

座礁：Ａ号のクレーム

Ａ号は日本から米国とカリブ、南米に向けて出港の準備をしているところに、台風の接近に伴う出港命令を受けた。外洋にでて避難している時にスクリューが空転して舵が効かなくなり、島のところに座礁した。貨物の多

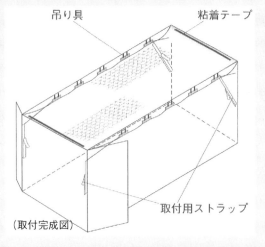

MTI の結露事故防止シート（CT シート）

吊り具　　粘着テープ

取付用ストラップ

（取付完成図）

コンテナの天井面に発生した結露の滴下を防止するもので、乾燥剤（吸湿剤）のような吸湿能力はない。取りつけが簡単で20フィートコンテナ用で約70リットル、40フィートコンテナ用で約140リットルの吸水が可能。CTシートは水蒸気を含んだ空気は通すが、結露した水は通さない。

くは車と建機であった。貨物を救助しようとしていたところに、火災爆発が発生して結果的に全損事故となった。貨物海上保険は当然処理され、運送人の求償は難しく、最終的に船主のP&Iから貨物の価額の数％で決着した。なお、船舶、貨物ともに全損事故となり単独海損として扱われ、共同海損とはならなかったケースである。

共同海損クレーム：B号のケース

　マレーシアの港からヨーロッパに向けて出港した巨大なコンテナ船B号がスエズ運河にて強風にあおられて座礁する事故が発生した。B号は共同海損宣言を行い、救助業者によりコンテナ積み下ろし等の作業により離礁に成功した。この事故により多くの船舶が運河の通行に支障をきたし、世界の貿易・物流に大きな影響を与えた。救助費用等の費用は共同海損として扱われる。B号は多数のコンテナを積んでおり、荷主も多く、船舶と積荷の価値に応じて平等に負担させるためには相当の期間を要し、最終的な決着までは何年もかかるケースになる。このように巨大なコンテナ船に絡んだ共同海損事故は、関係者が多数になり、困難な共同海損の精算事案になる。

共同海損クレーム：C号のケース

　日本から中国に向けて出港したC号が大型ばら積み船D号と関東近海で衝突する事故が発生した。C号は自力航行が不可能に

なったため共同海損宣言を行い、救助業者に曳航され近隣港に避難した。同港で一部コンテナはバージに荷卸し後、京浜港ですべてのコンテナが下ろされ、代船にて目的港に向けて再度出港した。救助費用やバージ船、積み替え費用はすべて共同海損として扱われる。C号への求償は、航海過失のため難しく、相手船D号に対する求償は検討するべきケースである。

5-3　クレーム処理の流れに沿った　　　具体的な事例

　運送人の担当者の視点に立って、いくつかの事例を第2章のクレーム処理の手順に沿って解説していきます。できれば、実戦的なケーススタディとして活用してください。

事例1—コンテナ破損と中身の濡損　～原因は破損個所からの浸水だけか～

背景：本船 "A号"
　　　積み地／揚げ地：ロッテルダム／横浜
　　　運送品名：Synthetic Resin
　　　条件：CY/CY
　　　Claimed Amount：　¥1,500,000 －
概要：Wet Damage が発生しました。損失額約150万円、コンテナの天井に小さい穴（4cm×3カ所、7cm×1カ所）と、扉の片側に多少の腐食（Corrosion）が認められました。CY/CY条件下、積み地でのリマー

クはなし。クレイマントは運送人のコンテナ管理の欠如による損失としてクレームし、運送人はCY/CYで荷主の詰め込み、積み地ノーリマーク、コンテナの破損は、Wet Damageを受けた運送品に比べて小さすぎるとして拒否しました。

折衝は何度も続けられ、運送人は濡損とコンテナ破損部分の原因説を否定するために、Weather Record の取りつけまで検討しました。

事故発生

コンテナが荷受人の倉庫で開かれて中身が取り出されたとき、Wet Damage が発見されました。

通常、発見はこのように荷受人の倉庫での開梱時がもっとも多いのですが、事故、つまり Wet Damage 発生の場所は、その特定が難しく、特定するためにさまざまな手順を踏みます。

損害状況の確認

荷受人は損傷の内容を知ると、まず貨物海上保険会社に連絡し、ただちにサーベイヤーを立てました。

運送人も荷受人からの通知で損傷内容を知りましたが、サーベイヤーは立てず、Joint-Survey の申し立てもしませんでした。後日必要となりそうな書類（EIR、Devanning Report、CLP、積み地でのコンテナ状態の記録など）の送付を、関係各地に依頼しました。

Claim Notice と Carrier's Reply

荷受人より運送人へ Claim Notice が提出されました。内容は運送品の Wet Damage 発生と、これに関する補償を要求する、というものです。運送品の引き渡しから約3週間後のことでした。

運送人の返信は、CY/CY 条件で、コンテナのシールは異常がないので、中身については関知しない、という拒否状でした。通常の CY/CY 条件で拒否する定型フォームを使用しました。

保険求償・支払い・代位権

荷受人は貨物海上保険会社に求償手続きをし、損失分の保険金を受け取りました。Letter of Subrogation を出し、運送人への賠償請求権は荷受人から保険会社に移りました。保険会社はこれを法律事務所に代行依頼しました。

Formal Claim

法律事務所は下記の書類を添付し、「この損失は運送人のコンテナ管理の欠如から破損を来たし、その箇所からの浸水によって中身の運送品に濡損を生じさせた。従って速やかに損失額を支払うか、貴社の見解を書面で頂きたい」と書き送りました。

1. B/L Copy

2. Commercial Invoice

3. Devanning Report

4. Survey Report

5. Letter of Subrogation

6. Claim Notice

なお、損失の詳細についても次のように主張しました。

1. 当該コンテナ（No. ×××）の破損個所より生じたことは明白である。

2. 本クレームは現実に生じた損失（Actual Existence of Cargo Damage）によって成されている。お届けした諸記録を見て頂きたい。

3. 全10本のコンテナのうち、この1本のみに濡損が生じた。他の9本には生じていない。これを見ても、当該コンテナの破損による浸水は明らかである。

以上により、本件が「運送人のコンテナを航海に耐え得るよう管理すべき責任の欠如」より生じたものとし、速やかな補償を要求する、というものです。

運送人の調査

運送人は、関係各地より回収した記録と、クレイマントより届けられた書類を第2章の8項に述べられた手順で、詳細にわたり熟読しました。

その結果、次の事項が判明しました。

1. 積み地でのコンテナ状態に異常なし。

2. 揚げ地で天井の穴、ドアの腐食。

3. 浸水は海水でなく、雨水である。

4. 包装はプラスチックバッグ。

5. EIR-Out はリマークなし。

6. EIR-In はリマークあり。

7. Wet は大量の雨水である。

8. Survey は引き渡し後、14日目に実施された。

上記から、コンテナの状態が積み地で正常、揚げ地で異常、大量の雨水による Wet Damage とコンテナ天井の小さい穴、ドアの腐食が折衝のポイント、と運送人は考えました。第1回の回答、反論はこれらに基づいて作られました。

059

必要書類の回収

運送人はクレイマントの主張を検討し、積み地へコンテナの引き受け時の状態を問い合わせました。同時に、揚げ地での状態確認のために、EIR（In、Out）、本船の積み付け場所（Bay Plan）なども取り寄せました。

折衝

◎運送人の反論

クレイマントの「損失は運送人のコンテナ管理の欠如で破損を来たし、その箇所からの浸水によって濡損を生じさせた」という論点に対し、運送人の反論の要旨は次の通りです。

1. この運送は CY/CY 条件、すなわち運送品は荷主の手によってコンテナに詰められ、パック、シールされた。その状態

のまま、荷受人に引き渡されている。

2. 現実に生じた損失は認める。しかし、問題はそれがいつ、どこで、どのように生じたか、である。

3. この1本のみに破損があり、濡損を生じた。従って原因はそのコンテナの破損からの浸水は明白、の論法は無理がある。もし、他の濡損を生じなかったコンテナにも、同じような破損（小さな天井の穴など）があったらどうするのか。

以上により、われわれの所見は、「いくつかの小さい穴が、そのような大きい濡損を起こし得ない」ということである。従って要求には応じられない。

〔解説〕第一段階として、運送人はCY/CY条件という紋切り型の拒否を示し、現実に生じている損失（写真などで明白）は認めつつ、問題はその損失がいつ、どこで、いかに生じたかだ、とし、他のコンテナに生じず、この1本のみ生じた、の論法には、「他にも多少の破損があったら」というやや詭弁的な反論をしています。

第1回の折衝は、通常このように、かなり「独善的」かつ「総体的」なものとなりがちです。

◎クレイマントの反論（妥協案付）

クレイマントは、濡損の原因は「あくまでも当該コンテナの破損部分であり、それは運送人の管理責任である」とし、次のように反論しました。

1. 運送人の免責主張には、信ずべき基盤がない。

2. われわれが強調したいのは、運送人のコンテナを正常な状態に維持する管理責任の欠如であり、当該コンテナがそういう状態になかったことが本損失を生じさせたということ。

3. しかし、このような、基本的には単純かつ小さな本件に、実りのない論争を続けたくないので、50パーセント補償（￥750,000－）の妥協を提案する。

〔解説〕クレイマントの論旨は、あくまでも「コンテナの欠陥イコール濡損」であり、「コンテナの欠陥は運送人の責任」というものです。運送人の論旨には信ぴょう性が欠ける、と主張しています。しかし平行線的な折衝を予測して、50／50条件の妥協案を出しています。

◎運送人の反論

クレイマントの、あくまでも事故原因は「コンテナの破損個所よりの浸水による」という主張に対し、運送人は、コンテナの欠陥というが、CY/CY条件で、積み地では何らリマークなし、つまり正常な状態であったと強調し、次のような反論を展開しました。

1. 積み地において、コンテナはノーリマーク、すなわち正常な状態にあった。

2. CY/CY条件、つまり運送品の詰め込み、パック、シールは荷主の手によっている

こと。

3. コンテナの天井の穴は、きわめて小さく、少ない。

4. Wet Damage は淡水（雨水）であり海水ではない。

5. Wet Damage を受けた運送品は、プラスチックバッグで包装されていた。

以上からして、運送人の責任はない、と反論しました。

〔解説〕運送人は、CY/CY 条件、積み地でのコンテナ状態はリマークなし、を主張しています。クレイマントは、揚げ地でのEIR-Out 同様、この種の記録をあまり信用しません。それは運送人が荷主側のサーベイレポートにしばしば疑問を持つのに似ています。しかし、記録はとにかく参考にしなければ折衝は成り立ちません。

◎クレイマントの反論（妥協案付）

クレイマントは運送人の反論には何ら新しい所見は見当たらないとし、みずからの反論要旨を次のように展開しました。

1. CY/CY 条件はB/Lにも記載されており、良くわかっている。我々が申しあげたいのは、当該コンテナが、明らかに異常な状態にあったということであり、穴が小さかったという言い訳は通らない。

2. 天井の腐食による穴は運送人の管理下に生じ、それが直接の原因であることは明白である。海水か雨水かは関係ない。

3. もし当該コンテナが完全な状態であったなら、この Wet Damage は決して起こらなかった。

4. もし貴社が、この濡損が貴社の責任範囲外で起きた、ということを証明する記録、書類を提出してくれるなら、我々は貴社の拒否を喜んで再考するものである。

5. 前便にも述べたように、早期解決のために、われわれは40パーセント補償を再提案する。

〔解説〕クレイマントの基本線は代わっていません。CY/CY で積み地ノーリマークも認めていません。あくまでもコンテナを正常な状態に保つ運送人の責任を突いています。そして、運送人の拒否に対して、貴社の責任範囲外で生じた損失、という証拠を提出せよ、という新しい、あるいは注目すべき提案をし、さらに40パーセントという再妥協案も出しています。

◎運送人の反論（妥協案付）

クレイマントの新提案ともいうべき運送人の責任範囲外での事故発生の証明の提出要求に対し運送人は二つの所見を出しました。そして、そろそろ議論も出尽くしたと見て、はじめての妥協案も提出しました。

1. EIR-Out には、コンテナの状態はノーリマーク、「正常、修理の必要なし」とある。

061

2. 引き受け前、航海中、引き渡し後までの Weather Record を取り付ける必要がある。

3. 上記のうち 1. は簡単に入手できるが 2. はかなりの時間を要する。我々は、「海水でなく雨水」という記録から、小さい穴から現実にあるような濡損が生じるほど雨水が浸入していないという証拠を提出できると信じている。しかし、これには相当の時間を必要とするため、早期解決のために、30 パーセント補償を提案したい。その相当額￥450,000 －の Revised Debit Note を送付されたら、ただちに支払いに応じるであろう。

〔解説〕クレイマントの「運送人の責任範囲外で生じた損失」の証拠要求に、運送人は Weather Record の取り付けも検討しましたが、航海中にまったく降雨がなかったという自信があったわけではありません。時期的に雨天が少ないことから考えついただけのことです。しかし、航海中の分を取り付けてそれを証明し、積み地ロッテルダムでの引き受け以前の天候まで取り付けるには、相当の時間と費用も要するでしょう。それならば、ということで早期妥結で何パーセントか支払う、という道を選んだのです。EIR-Out の異常なしをこの時点で強調しているのは、交渉を有利にする駆け引きと見受けられます。運送人の妥協案提出は本件が

終了に近づいたことを示しています。

クレイマントの妥協案承諾

クレイマントは不満ではあるものの、潮どきと見て、30 パーセント案を承諾し、Revised Debit Note 金額￥450,000 －を作成しました。

解決

双方不満はあっても、妥協額が決定すればあとは折衝とは異なりスムーズに進みます。

Revised Debit Note

クレイマントは妥協額を示す Debit Note を新しく作成します。本クレームと共に提出した Debit Note は満額ですから、これに代わるものです。

運送人はこの Revised Debit Note を受け、￥450,000 －を支払い、クレイマントに Receipt & Release を要求しました。

Receipt & Release

クレイマントは領収書と、本件に関してすべて終了、再びクレームしない旨記した一書（フォームになっている）を送り一件落着となりました。

〔まとめ〕

このケースでの争点は、「コンテナ天井の穴およびドアの腐食が、中身の運送品の濡損の原因」かどうかです。

通常、クレイマントが主張するように、コ

ンテナに破損があれば、浸水はすべてその部分から、と考えます。しかし、運送人から見ると、その破損の度合いからいって、果たしてそうなのか、と疑います。すなわち、それもあるだろうが、引き受け前、あるいは引き渡し後の濡損ではないか、と考えるのです。

積み地での雨水による濡損はいつ、どこで生じたのか、ということです。

この実証が困難なために、双方自社に有利な点を挙げて争うのです。従って、折衝にはかなりのテクニックも必要であり、場合によっては詭弁も用いられます。

コンテナのメンテナンスは、たしかに運送人の責任です。しかし、その破損が、管理不十分によるのか、運送人の責任範囲を超えた不可抗力的な事実によるのか、も考えなければなりません。

事例2—濡損、カビとクレーム提出の遅滞

～時効前なら問題ないか～

背景：本船：本船"B号"

積み地／揚げ地：Ismir／神戸

運送品名：Dried Apricots

条件：CY/CY

Claimed Amount：¥2,259,634 −

概要：荷受人がコンテナを開くと、中身の乾燥果物（あんず）が濡損（Wet Damage）そして、Broken、Crushed、Dirty などが発見

されました。当然 Claim Notice が出されましたが、引き渡しから20日過ぎていました。その後保険求償、代位求償（Subrogation）があり、運送人へは保険会社代行の法律事務所が本クレームを提出しました。ところがこれが時効の寸前であり、同時に時効延長願も同封されていました。

運送人は、CY/CY コンテナを正常な状態で引き渡したこと、あまりに遅いクレーム提出に引き渡し後の損失発生の可能性を主張、拒否しました。クレイマントは、提出の遅滞は運送人の法的免責を意味しない、と反論しました。

事故発生

コンテナが荷受人の倉庫で開かれると、相当な量にわたり、Wet、Moulded、Moistened が見られ、カートンが Broken、Crushed、Dirty といったリマークが、Devanning Report に記述されていました。

損害状況の確認

荷受人は、貨物海上保険会社に連絡し、ただちにサーベイヤーを立てました。サーベイが行われたのは、引き渡しから14日目です。この時点で運送人は損失の発生を知らされていません。このことが後日折衝の中で問題となります。従って運送人は本件に関しては、何の対処もしていませんでした。

Claim Notice

荷受人の Claim Notice は、運送品引き取り後、20 日目に運送人に届けられました。内容は前述の Wet、Moulded などです。

Carrier's Reply

運送人の返信は CY/CY 条件用のフォームで、Shipper's Load & Count、揚げ地では正常な状態（Seal Intact）で引き渡したとし、補償を拒否しました。これで 1 カ月ほどを経て、本クレームが来なければ、通常はそれで終わり、つまりクレームは起きなかったことになります。

保険求償・支払・代位権

荷受人は保険求償手続きをして保険金を受け取りました。Letter of Subrogation が発行され、保険会社は運送人への請求権を取得し、代行の法律事務所へ委託しました。

Formal Claim

通常、引き渡しから 1 ～ 2 カ月で提出される本クレームが、本ケースでは時効成立の 7 日前に運送人に届けられました。当然、時効延長願（6 カ月）も同封されていました。書類は次の通りです。

1. B/L Copy
2. Commercial Invoice
3. Insurance Premium
4. Survey Report
5. Letter of Subrogation

クレイマントの言い分は「我々の調査によれば、本件の運送人の責任は明白である。ただちに補償してもらいたい」というものでした。

運送人の調査

運送人は、本クレームが時効の 7 日前に出されたことに驚き、Claim Notice の受領を調べてみたら、引き渡しから 20 日後でした。すなわち、運送人としては本件に関して本クレームを時効寸前に受け取るまでまったく知らぬことでしたから、運送人側またはジョイントのサーベイができなかったこと、コンテナは設定温度 5℃が保たれていたことなどを基に、反論を作成しました。

必要書類の回収

運送人は手順の「損害状況の確認、対処」で何もできませんでしたから、コンテナの状態を調査するため EIR、積み地での記録、そしてコンテナ（冷凍）内の温度の適正を見るために Partlow Chart を取り寄せました。その結果、コンテナ右側下方に多少の破損が見られましたが、コンテナ内温度に変化はないことが分かりました。

折衝

◎運送人の反論

運送人の第 1 回反論の要旨は次の通りで、「当方に補償の責任はない」と述べました。

1. 荷受人の Claim Notice 提出の遅滞に

より、我々はサーベイヤーを立てられな
かった。従ってB/L約款××条を引用し、
運送人の免責を主張する（約款コピー添
付、主な内容：CY/CY条件での運送人
免責条項、荷主のコンテナ状態チェック
義務、不適合な運送品積み込みによる事
故への免責。シールが完全で引き渡され
た場合の免責、等々）。

2. 荷受人側のサーベイレポートが、コン
テナ右側面の破損からの浸水によって
Wet Damageを生じた、との所見には
同意できない。この冷凍コンテナは内部
二重壁構造、ステンレススチール製であ
り、その特別構造からも、いかなる破損
（Cut）が右側面にあっても、そこから
の浸水とは到底考えられない。

3. 濡損の原因は、十分に乾燥されていな
い食品の湿気が、引き受け以前から起こ
したものと推定する。

4. その貨物は荷主によって詰められたの
であり、我々はその状態を判断するのは
不可能。よって補償を拒否する。

〔解説〕運送人は、まずクレーム提出の遅
れに対して、自社側サーベイがたてられ
なかった不利を、次いでCY/CY条件の
免責をB/L約款引用で主張しました。
クレイマントの言うコンテナ破損部分か
らのWet Damageについて、コンテナの構
造上あり得ないと反論、運送品が引き受け
以前から十分に乾燥していないことからの

Damageと推定しました。
　自社側サーベイができなかった不利とは、
サーベイの完全中立を意識していない証拠で
興味を引きます。冷凍コンテナの構造から、
荷受人側サーベイレポートの所見を否定する
あたり、かなり大胆な反論ともいえます。
◎クレイマントの反論（妥協案付）
　運送人のゼロ回答に対して、クレイマント
は次のように反論し、かつ早期解決のためと
して妥協案も出しました。

1. サーベイレポートにあるように、運送
品はひどく雨水によってDamageを生
じている。従ってコンテナの内側もCut
されていたことは容易に推定できる。

2. 冷凍コンテナは温度調整が可能であ
るから通常Sweat Damageを起こさな
いはずである。従って、もし運送品が
Sweat Damageを受けているならば、
それはまちがいなく内側の壁と外側パネ
ルとの間からの浸水からと言える。

3. 以上により運送人の責任は明白である
が、早期解決のために、我々はここに
50パーセント補償の妥協を提案する。

〔解説〕運送人の、コンテナ構造からWet
は起きない、という論に対し温度調整可
能の冷凍コンテナでSweatは生じない
はず。Cutは内部まで及んでいた、と推
定する反論です。このあたりコンテナそ
のものに対する所見、そして、引き受け
前のWet、Sweatという推測と、あく

065

までも破損個所からの浸水という推測が真っ向から対立しています。

◎運送人の反論

クレイマントの主張に対して、運送人は少々作戦を変更して反論しました。コンテナの構造論から離れて、クレーム提起の遅滞を突いています。

1. Claim Notice が運送品の引き渡し後 20 日もたって出されている。これは「外見上良好な状態」で引き渡された一応の証拠（Prima Facie Evidence）を実証しているといえる。

2. この Notice の遅滞によって、運送人側のサーベイを立てることができない、というきわめて不利な条件がもたらされた。

3. 荷受人側サーベイは引き渡し後 14 日目、そして本クレームは時効の 7 日前に提出されている。

4. 以上のような状況から、Wet、Sweat すべての Damage は運送人の保管責任の期間（区間）に起きたものとは到底考えられない。従って本件について補償の責任はなく、納得できる反論なき限りこれを拒否する。

〔解説〕Claim Notice の提出は、B/L 約款上は引き渡しから 3 日（7 日もある）以内です。しかし実務的に 3 日は厳し過ぎるようで、1 週間から 1 カ月ほどは慣習となっています。このケースでは、本

クレームの提出が時効の 7 日前というきわめて遅い例なので、運送人はこれを突くべく、Notice の 20 日目提出もとり入れたものと思われます。引き渡しから本クレームまでが長いので、損失発生をその期間に想定しての反論です。

◎クレイマントの反論（妥協案付）

クレイマントは、本クレーム提出遅滞の理由は弁明はせず次のように反論しました。

1. サーベイレポートの写真が示すように、カートンはひどく Wet している。従ってコンテナ内での Sweat Damage が生じたことが推測される。加えて、Sweat Damage はそれほどひどくはない。こういう状況からしても、損失はコンテナの破損部分からの浸水によるといえる。

2. クレーム書類提出の遅滞は申し訳なく思う。しかしそのことは、運送人の法的責任を免ずるものではなく、サーベイ実施の月は決して遅いとは考えない。

3. 以上のような状況から考えて、われわれの提案した 50 パーセント補償は、きわめて妥当な線だと信じている。しかし本件の早期かつ実りある解決のために、ここに改めて 40 パーセント補償の再妥協案をお知らせする。納得できる線と信じている。

〔解説〕クレイマントは専門家らしく、遅滞は法的に運送人の責任を免ずるものではない、と反論しました。Wet と

Sweatについては、あくまでもコンテナ破損部分よりの浸水を主張し、その理由も展開しています。

◎運送人の反論（妥協案付）

クレイマントが言うように、確かに提出の遅れは運送人の免責には結びつきません。そこで、その遅滞によって被った不利を強調し、引き渡しから本クレーム提出までの長い期間を指摘して、引き渡し後、すなわち運送人の責任範囲外の損失と推定します。

1. クレーム提出の遅れに法的問題はないが、その長い期間は、運送品が引き渡された後に、それがコンテナ破損部分からか否かを問わず、雨水によるWetの強い可能性を示している。

2. 当該コンテナの破損が、いつ、どこで、どのように起きたかは不明であり、CY/CY条件では、荷主も運送品を詰める前にコンテナ状態をチェックする責任がある。

3. 提出の遅れにより、運送人側にサーベイを立てる機会を与えなかったことは運送人に多大な不利益をもたらした。

4. 以上からみて、本件の補償を全面的に拒否すべきところであるが、友好的関係を保つため、また早期解決のため、ここに30パーセント補償を提案する。

〔解説〕運送人はたとえコンテナの破損部分からの浸水によるWet Damageにせよ、引き渡し後の長い期間に生じた可能性は多大である、と突きました。また、自社側サーベイの機会を与えなかったことの不利をも大きくとりあげています。このあたり、サーベイというきわめて第三者的業務を、その依頼主に有利であるかのように公言しています。そして潮どきと見たか、クレイマントの40パーセントに対し、はじめて妥協案30パーセントを提示しました。

クレイマントの妥協案承諾

クレイマントもやはり潮どきとみたか、30パーセント案を承諾し、Revised Debit Note 金額 ¥677,890 −（¥2,259,634 × 30%）を作成して運送人に送りました。

解決

前述と同じように、運送人はRevised Debit Noteの額をクレイマントに支払いました。クレイマントは、これに対しReceipt & Releaseを送ってすべては終了しました。

〔まとめ〕

乾燥果物（干しあんず）が、コンテナから取り出されると、Wet、Moulded、Sweatなどの「水害」が生じていました。コンテナには右側面に破損が認められ、クレイマントは、ここから浸水したWet Damageであるとクレームしました。運送人はそのコンテナの二重構造上、あり得ないと拒否、その議論が続

けられる中、運送人はクレーム提起の「異常な」遅滞を問題にしてクレイマントを追い詰めました。クレイマントは、遅れは申し訳ないがそれに法的な問題はないと反論するも、運送人は、引き渡し後の長い期間での事故発生も推測して免責を主張しました。

　このケースはコンテナに欠陥があり、そこからの損傷である、という「よく起こり得る」ケースに、クレーム提起の異常な遅滞という要素を含んだ珍しいものです。運送人側で考えれば引き渡し後、つまり責任終了後の損失と推定するでしょう。しかし、クレイマントにしてみれば、期限内なら何も問題ない、ということになります。

　いずれにせよ、クレイマントはNoticeをできる限り早く、損失の詳細は後まわしにしても提出すべきであり、運送人はコンテナに破損、欠陥部分があれば、まずそれが事故の第一原因として突かれることを知らされる典型的なケースでした。

　このケースでは、解決までに3回、時効の延長（各3カ月）が行われました。

事例3—コンテナ内食品の汗損
〜運送人の管理責任か品物固有の欠陥か〜

背景：本船：本船 "C号"
　　　　積み地／揚げ地：Jakarta ／名古屋
　　　　運送品名：香辛料
　　　　条件：CY／CY

　　　　Claimed Amount：¥3,302,701 −

概要：荷受人が倉庫でコンテナを開くと、中身の香辛料（こしょうなど）が大量に汗損（Sweat Damage）を生じていました。クレイマントは、積み地、積み替え地など、運送人の保管責任区域での注意善管義務の欠如である、とクレームしました。運送人は、CY/CY条件のコンテナで、関係各地の記録はすべて異常なしとあるから、運送人の管理責任は十分に尽くされている、と拒否しました。

事故発生

　開梱後、コンテナには目立つほどの異常はなく、"Right side panel dent"（右側パネル凹み）のみでした。しかし中身の食品（バッグ入り）にかなりのSweat（汗損）が認められました。

損害状況の確認

　荷受人は、まず貨物海上保険会社に連絡し、ただちにサーベイヤーを立てました。運送人は関連書類、EIR、積み地、積み替え地などのコンテナの状態を示す記録回収を手配しました。

Claim Notice

　荷受人は「200bags sweat」のクレームを運送人に提出しました。

Claim Notice への返信

　運送人はClaim Noticeに対して、CY/CY

条件、Shipper's Load & Count、加えてコンテナを正常な状態で（Seal Intact）引き渡した、という理由で拒否する旨を書き送りました。

保険求償・支払い・代位権

荷受人は保険求償手続きをし、保険金額を受け取りました。保険会社は代位権（Subrogation）を取得し、法律事務所に委託して運送人に補償請求をすることになりました。

Formal Claim

代行の法律事務所は、次のような書類を「本クレーム」として運送人に送りつけました。

1. B/L Copy
2. Commercial Invoice
3. Devanning Report
4. Survey Report
5. Claim Notice
6. Letter of Subrogation

Sweat Damage の原因として、運送人の保管下での注意義務の欠如を挙げています。

運送人の調査

運送人は本クレームの書類を調査して行くうちに、コンテナには欠陥はほとんどなく、サーベイレポートにコンテナ内の温度と湿気との相関関係のようなものが Sweat Damage を生じさせた、という所見に注目し

ました。また、Wet Damage もあり、これは淡水（海水ではない）、そして Moulded、Discoloured（カビ、変色）も生じていることにも着目しました。すなわち、汗損、濡損、カビ、変色などすべては、コンテナの破損部分からの浸水によるものではない、ということです。運送人の反論はこのような記録に基づいて展開されます。

必要書類の回収

運送人は、コンテナに破損のないことを確かめるため、EIR、積み地でのリマークの有無のほか、当該コンテナの前回使用時に湿気の残りそうな品目を積んでいないことも確かめました。

折衝

◎運送人の反論

前述のような調査の結果、運送人は次のように反論しました。

1. CY/CY 条件である、Shipper's Load & Count であり、揚げ地では Seal Intact で引き渡されている。
2. コンテナの状態に関して、われわれの調査した限りでは、何の異常もない（No Remark）。
3. 荷受人側のサーベイレポートは、Sweat の原因を、コンテナ内の温度と湿気の間の相関関係のようなものだ、と報じている。なお、海水でなく淡水とい

069

う調査結果も出ている。加えて当該コンテナには、開梱の時点でとくに目立つほどの破損はない、とも述べている。

4.　以上のことから、我々は本件の発生原因は、運送品そのものの特徴（吸湿性など）による固有の欠陥（Inherent Vice）によるか、あるいは、引き受け前すでに生じていたものと断定する。従って運送人に責任はなく、補償要求を拒否する。

〔解説〕運送人はコンテナに破損個所がないこと、海水でなく淡水、Sweat という状態からして、運送品引き受け前にすでに Wet & Sweat していた、あるいは、通常の運送をしても、品物の特性から Sweat を生じる、いわゆる「品物固有の欠陥」（Inherent Vice）を持ち出しています。

◎クレイマントの反論（妥協案付）

クレイマントは次のように反論しました。

1.　我々は、運送人がその管理下にあった運送品を、いかなる損失からも守るべき注意善管義務を十分に果たしたということに疑問を抱かざるを得ない。とくに積み　替え港、航行中に、コンテナ内温度を適温に保っていたか、これは CY/CY 条件であろうと問われるべきである。

2.　相当量（全体の約 3 分の 1）の Sweat Damage を考えると原因を安易に「固有の欠陥」で処理すべきではない。これは決して無視できない量である。

3.　このクレームは、実際に生じた損失をその範囲の大きさに基づいて提出している。すでに届けた記録を見てもらえれば容易に分かることである。

4.　本件を困難な状態に持って行くのは我々の本意ではない。早期に、発展的な解決のために、ここに 20 パーセントの妥協額を提案する。解決のための、前向きの返事を期待する。

〔解説〕コンテナに、些細な破損部分でもあれば、そこからの浸水という「決め手」ができますが、それがないだけに、クレイマントは、とにかくも運送人はその保管下の運送品には十分な注意を払わなければならない、という一般的な正論となっています。このあたり、運送人がCY/CY 条件のコンテナ中身について、当然のように免責するのと似ています。相当な量の Sweat Damage であり、簡単に固有の欠陥で処理されては困る。そして現実に起きている損失を認めよ、という、あまり説得力のない論点が並んでいます。情勢不利と見たか、クレイマントは、この反論ですでに妥協案、しかも第 1 回にしてはかなり低い数字を提案しています。

◎運送人の反論

運送人はクレイマントとは逆に、かなり強い調子で反論に出ています。要旨は次の通りです。

1. 積み替え港を含むすべての関係ある港において、コンテナの状態には何の異常もない。すべて No Remark である。この場合、指摘された運送人の注意善管義務をどのように説明すればいいのか。つまり、運送人はその義務を十分果たしていると言える。

2. 固有の欠陥とは、運送品のうちの損失した分量とは関係ない。同じ品物であっても、それぞれの品質、積み込まれる以前の状態、扱い方などで違ってくるはずである。

3. 以上のような状況から、正常な状態のコンテナ内での Sweat Damage という本件の補償には、運送人は到底応じられず、ここに全面拒否をお伝えする。

〔解説〕CY/CY 条件でコンテナに欠陥のない場合は運送人の立場は強くなります。運送品に異変が起きているのは、そのものに問題があるから、あるいは、引き受け以前にもともと損傷があった、と断定するのです。

解決

運送人の第2回反論がクレイマントに送られて、それに対する反論が来ないうちに、引き渡しから1年が経過しました。クレイマントは勝ち目なしと見たか、時効延長願も出さず、本件は時効となりました。「解決」というタイトルには似つかわしくありません

が、これで終了しました。

〔まとめ〕

品物固有の欠陥（Inherent Vice）というのは、バナナは時間がたてば、緑から黄、黒となり、鉄板（Iron Sheets）は錆びる、といったもので、運送人が通常の保管義務を果たしても、防ぎようのない損失のことです。ただし、鮮魚を冷凍コンテナで運ぶ場合は、もともと「そのままでは腐る」ものを「そうさせない（冷凍設備で）」条件ですから、コンテナの管理が悪く、温度設定をまちがえて高くし、腐らせた場合は、固有の欠陥は成立しません。

このケースで運送人が主張した固有の欠陥は、香辛料（Pepper など）に強い吸湿性があるのかまでは追及されていません。従って、運送人は、運送品を引き受ける前に、すなわち袋に詰められ、CY でコンテナに詰められる時点ですでに Sweat していた可能性も強調したのです。それには、コンテナに浸水を招くような破損がなかったことが重要なポイントでした。

クレイマントはこのケースでの高額補償獲得は無理と見ていたようです。コンテナに破損があれば、当然満額請求したでしょうが、第1回の反論にすでに20パーセントという低い妥協案を提示したのが、そのあたりの事情を物語っています。

事例4—損失貨物の派生費用 （廃棄料など）

～運送人に請求できるか～

背景：本船：本船 "D号"

　　　積み地／揚げ地：Marseilles ／東京

　　　運送品名：ワイン

　　　条件：CY/CY

　　　Claimed Amount：￥6,402,464 −

概要：本船航行中、バラストタンクに異常が生じ、破損個所からバラストウオーターが流出しました。下積みのコンテナが冠水し、そのうち数本が損害を被りました。ワインのびんが割れ、ほぼ全損、運送品は焼却処分となりました。なお、本船は荒天（Boisterous Weather）に遭遇しており、Sea Protestがファイルされていました。クレーム全額は3,000万円を超し、船主は本件をP&I Club（船主保険）に委ねました。

　本クレームはP&Iと法律事務所の間で折衝を重ね、2年後解決しました。ところがその後焼却費用ほか、損失によって派生した費用数百万円が荷主より運送人に請求されました。

事故発生

　本船が荒天遭遇し、バラストタンクに異常が起きたので、乗組員は修復を試みましたが、船底に浸水を起こしていました。通常発生場所を特定しにくいクレーム処理業務では、発生の場所、時間が明確な珍しいケースです。

損害状況の確認

　運送人はSea Protestを領事館に届け出ました。揚げ地ではただちにサーベイヤーを立てました。荷受人も損害を調査し、保険求償手続きを取り、サーベイヤーを立てました。

Claim Notice

　荷受人は引き渡しから3週間後にNoticeを運送人に送りつけました。内容はかなり詳細にわたり、なお、運送人に積み付け場所を記録するBay Plan（Stowage Plan）の提出を求めました。運送人は内部規定により、Bay Planの提出を拒否しました。

Carrier's Reply

　運送人は事故の大きさからみて、荷受人に次のような書類を送るよう依頼しました。

1. B/L Copy
2. Commercial Invoice
3. Survey Report
4. Insurance Documents
5. Debit Note
6. 本件調査に参考となる記録すべて

保険補償・支払い・代位権

　荷受人は手続きをし、保険金を受領しました。保険会社は代位権（Subrogation）を得て、

法律事務所に委託しました。

Formal Claim

　本クレームが出される時点で、本件は船主の指令により、すべて P&I に委託されることになりました。すなわち、運送人と荷主という関係から、船主保険と弁護士という関係に置き換えられました。

解決まで

　この過程はすべて前述の P&I と弁護士間で進みました。

廃棄費用など派生費用発生

　大量の損失は、それら運送品の焼却処分が必要となり、荷受人の倉庫から焼却処理場まで陸上運送されて処理されました。これらは、廃棄処分代、その運送料、保険料など合計 640 万円ほどになりました。荷受人はこの費用全額を運送人に請求しました。

　運送人（代理店）は、ただちに船主と P&I にその旨通知しました。

　船主からの返信は「本件のクレームはすでに解決、終了した」というもので、この荷受人からのクレーム内容は「二次損失（Consequential Loss）」である故、本件のクレームを拒否せよ、と運送人（代理店）に指示がありました。

　代理店では、荷主の請求を満額受けようとする営業部内と、二次損害として約款によっ

て拒否すべき、という運航・クレーム係が対立しました。荷主と何回か折衝の末、船主の指令を受けて、詫び状のような形式で一筆入れ、結局、支払いを拒否して終わりました。それは、荷主にとっては大不満の決着となりました。

〔まとめ〕「二次損害」（Consequential Loss）について

　事故、損害が起きると、その損失分は当然補償の対象になります。では、その損失した運送品に関する諸費用（関税、陸上運送費、廃棄処分料など）は対象にならないのでしょうか。

　荷主からみれば、それらの費用は「事故がなければ発生しなかった」はずです。あるいは、その費用が無駄になったので、事故を起こした運送人が支払うべきもの、と考えます。しかし B/L 約款には、このような二次的損失（Consequential Loss ＜結果として生じた損失＞）の免責を明記しています。

　このケースではこの派生費用について、運送人が支払うといった営業的言質があったかは不明ですが、荷主はそれを当然と思っていたようです。

　なお、このケースの起因は、本船の荒天遭遇によるバラストタンクの故障ですから、もし二次損害の免責でなくとも、海上特有の危険、不可抗力などといった免責もあったことも、知っておくべきでしょう。

ドライコンテナの部品名称

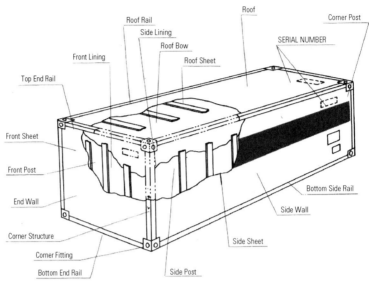

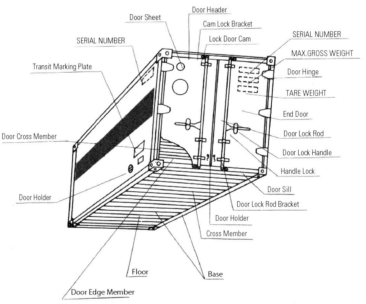

　海上コンテナは 床材を除き、ほぼ全体がスチール（アルミ製もある）。一般的に海上コンテナの床材は木製だが、一部船社はスチール製や環境重視で竹製を採用している。

　海上コンテナの側壁と天井（屋根）はコールテン鋼（Cor-ten Steel）で製作され、側面は強度を得るためコルゲート（波型加工した）鋼板（Corrugated Steel）を使用する。コールテン鋼は、普通鋼にリン、銅、クロム、ニッケル、シリコン等の合金元素を添加した耐候性の高い特殊鋼材で、錆びるものの錆自体が通常の鉄と異なり、ある程度のサビが発生した状態の皮膜が鋼材と密着し、それ以上の腐食が進みにくい。コストは一般鋼材と比べ割高。

　Corner Fitting（角金具、またはCorner Casting）はコンテナの四隅に計8個ある鋳造（Casting）した金具で、コンテナのフレームを構成するRoof Rail、Bottom side Rail、Bottom end Railと溶接されている。上部のCorner Fittingはガントリークレーンによる吊り上げ/積み降ろし時に、底部は段積みと陸上輸送時にVertical StackerやTwist Rockで固定する。木製などで作られた床材は鋼板を三角山状に加工したCross Memberで床面荷重を支える。

リーファーコンテナの部品名称

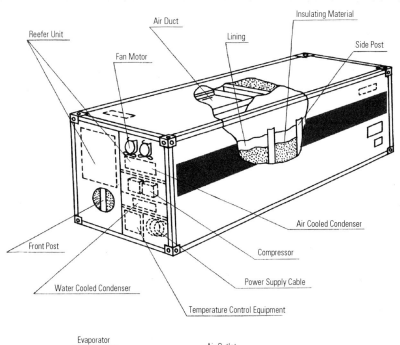

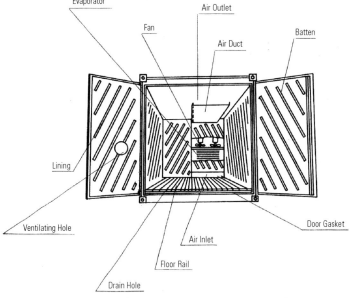

075

貨物海上保険略語・用語集

A/R	All Risks	全危険担保（against all risks）。とくに担保対象外としたものを除くすべての保険をかけた危険に起因する損失を補てんする。
BD	Bending and Denting	曲損・凹損
COOC	Contact with Oil & Other Cargo	油と他貨物との接触損
COC	Contact with Other Cargo	他貨物との接触損
CD	Country Damage	元地損害（貨物が船側に到着する前にすでに元地で生じた損害）
DC	Drying Charge	乾燥のための費用
E	Earthquake または Eruption	地震または噴火
Expl.	Explosion	爆発
FAS	F.A.S. attachment	本船船側危険開始
FD	Falling Damage	墜落分損
FPA	Free from Particular Average	分損不担保
HSC	Heating & Spontaneous Combustion	発熱および自然発火
ICC	Institute Cargo Clauses (A), (B), (C), (Air)	ロンドンの協会が制定した「協定貨物約款（A）、（B）、（C）、（Air）
IOP	Irrespective of Percentage	％にかかわらず
JWOB	Jettison & Washing Over Board	投荷・波ざらい損
L'kge	Leakage	漏損
Marine Quotation		外航貨物海上保険料率を提示する英文の見積書
MIA	Marine Insurance Act	英国の海上保険法
MM	Mould & Mildew	カビ損
NF	No Franchise	免責歩合無し
P/P	Parcel Post Clause	小包郵便物約款
P/P	Pier to Pier	埠頭から埠頭まで
RF	Rain & Fresh Water Damage	雨・淡水濡れ損害
Repl. cl.	Replacement Clause	機械修繕約款
Rider		外航貨物海上保険証券の発行後に、保険証券の記載事項に変更、訂正がある場合に発行される「追約書」のこと
RV	Rats and Vermin	ネズミ・虫喰い損害
Ref. cl.	Refrigerated Cargo Clause	冷凍・冷蔵貨物約款

Scr.	Scratching	かき傷損害
S'tge	Shortage	不足損害
Sling	Sling Risk	スリング危険
SRCC	Strikes, Riots & Civil Commotions Risks	スト・暴動・騒擾危険
SH	Sweat & Heat	汗・蒸れ損害
TPND	Theft, Pilferage, Non-delivery & Shortage	盗難・抜け荷・不着・不足
Total Loss		全損。「絶対全損」と「推定全損」の2種があり、「絶対全損」は貨物を積載した本船が沈没し全く救助不可能である場合や冷凍貨物が完全に解凍・腐敗してまったく商品価値を失う場合を言い、船舶や航空機が相当な期間以上消息を断った場合などがこれに該当する。「推定全損」は航海中に本船が損傷を受け修理できないため、航海を打ち切ってしまったようなケースで、貨物をそこから仕向け地へ輸送する費用が貨物の価値を超える場合がこれに該当する。
W&SRCC	War & Strikes, Riots & Civil Commotions Risks	戦争・スト・暴動・騒擾危険
WR	War Risks	戦争危険。戦争、騒乱状態において行われる捕獲、抑留などの事故や砲撃などの戦闘行為の結果にかかわる危険。狭義の戦争危険（Institute War Clauses により担保される危険）のほかにストライキ危険（Institute Strikes Clauses により担保される危険）を含む。
WA	With Average or With Particular Average	分損（貨物の一部分に損害が生じた場合）担保

「クレーム処理の手順と事例集」

2023 年 7 月 20 日発行

定価：本体価格 1,900 円＋税

© オーシャンコマース　2023 年　ISBN978-4-900932-91-3 C2065　Printed in Japan

発行者・編集人　中川 圀司

発行所　〒105-0013
東京都港区浜松町1-2-11（葵ビル）
株式会社　オーシャンコマース
TEL：(03) 3435-7630
FAX：(03) 3435-7896
URL：www.ocean-commerce.co.jp

BLUE
ACTION
MOL

海の惑星とともに、次へ。

海は、地球の表面の71.1%を占める。

世界中の国々が海でつながり、海運をはじめとする経済活動は

人類の発展を支える基盤となってきた。海とは、この地球の可能性そのものだ。

私たちが生きるこの星は、「海の惑星」なのだと思う。

海からの視点を持てば、そこにはまったく違う未来が広がる。

つねに海とともに進んできた私たちは、そのポテンシャルを誰よりも知っている。

人類が共有するこの大きな価値を引き出して

持続的な成長をつくりだしていくことこそ、商船三井グループの使命だ。

いまこそ私たちは、自らの枠を超えてアクションを起こす。

海運を基盤としながら、そこで得た知見を生かして、

海を起点とした社会インフラ企業へとフィールドを拡張していく。

チャンスがあるなら、すべてに挑もう。ここから、新しい希望をつくろう。

商船三井グループのサステナブル活動「**BLUE ACTION MOL**」 ──── www.mol.co.jp

001 WIND CHALLENGER　002 LNG燃料フェリー　003 マングローブ再生・保全プロジェクト　004 WIND HUNTER　005 海洋温度差発電プロジェクト

MOL
商船三井

OSAKA PORTS

関西経済の一翼を担う
大阪みなと

 大阪港湾局
http://www.city.osaka.lg.jp/port/

 大阪港埠頭株式会社
http://www.osakaport.co.jp

阪神国際港湾株式会社
http://www.hanshinport.co.jp/

公益社団法人 大阪港振興協会
http://www.oppa.or.jp/